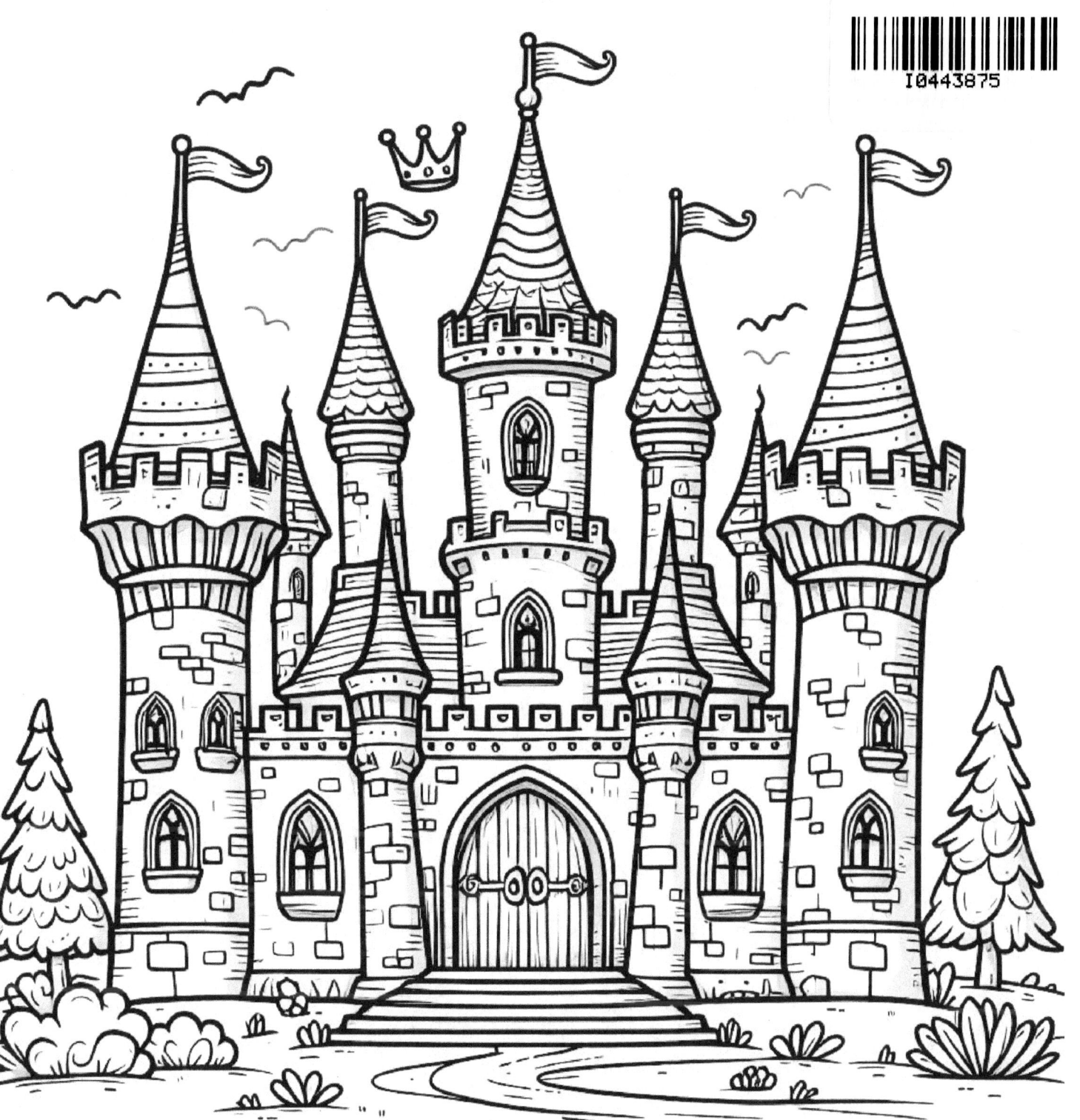

**No REINO ENCANTADO do REI AZIS, cores vibrantes e magia se misturavam, guiadas pela LUZ e alegria do Rei Luminoso.**

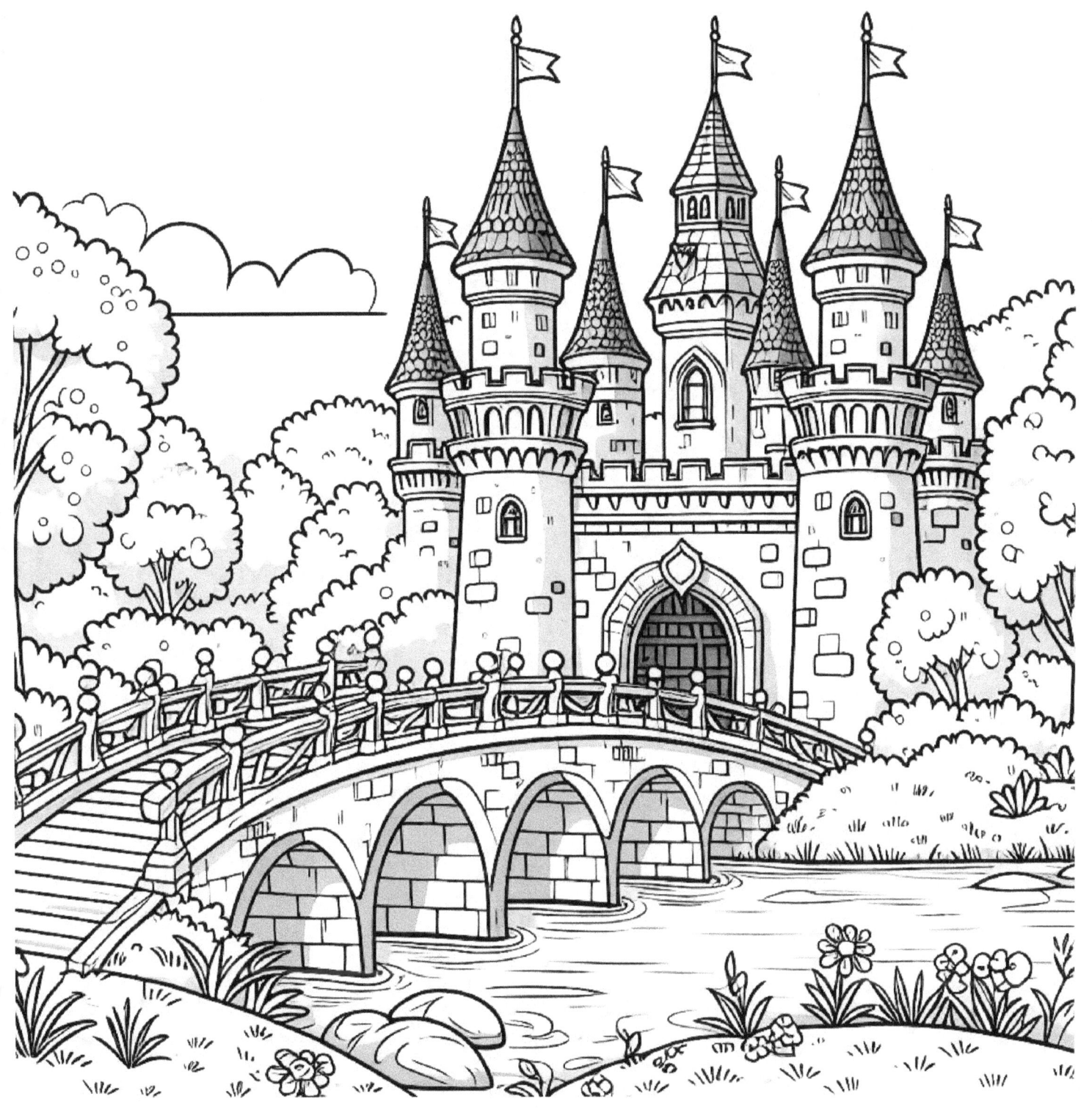

**Havia uma ponte mágica que era conhecida por conceder desejos aos corações puros que a atravessavam.
Era um lugar de magia e maravilha, onde os sonhos se tornavam realidade para aqueles que acreditavam na bondade e na magia do reino.**

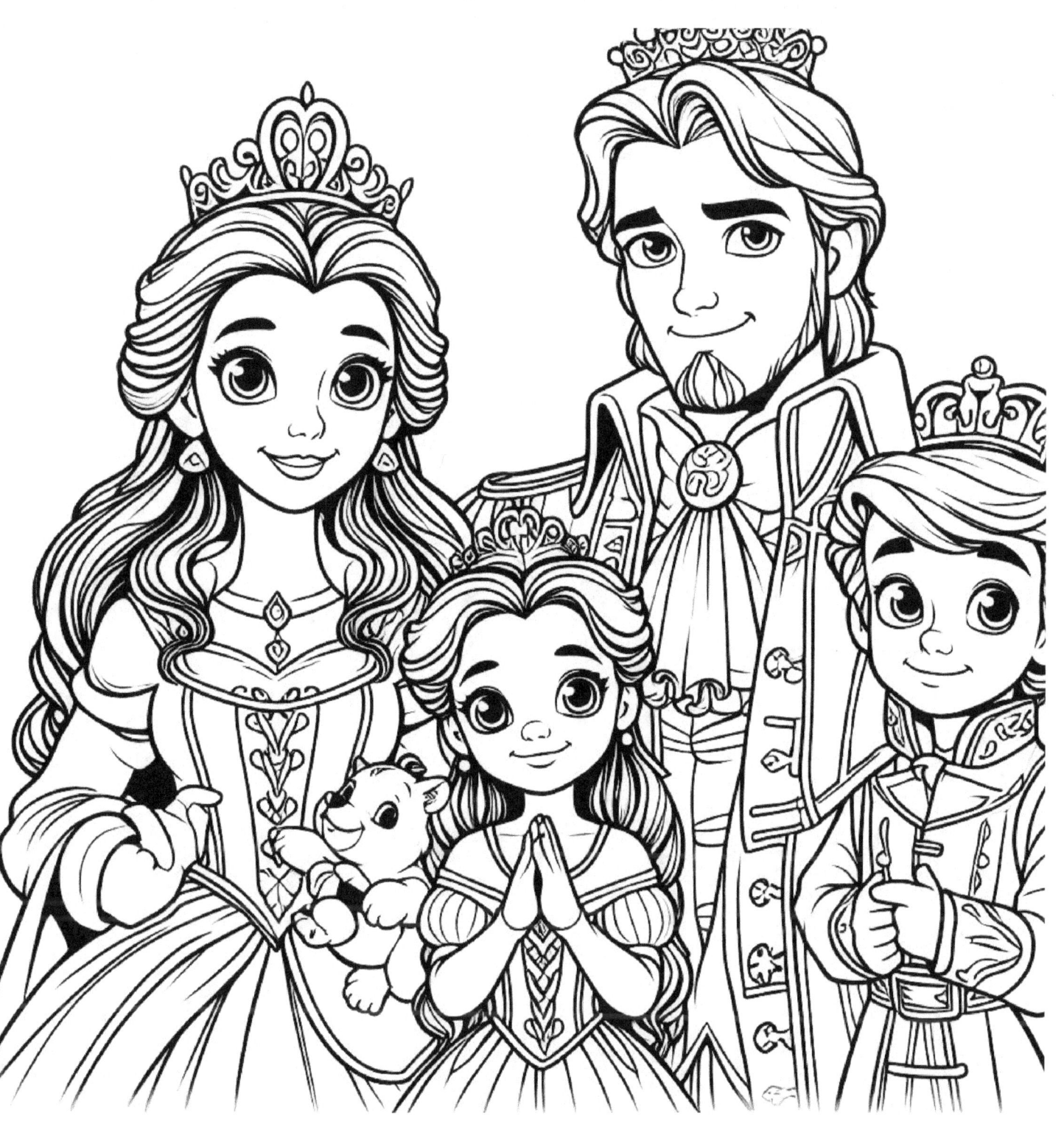

O Rei era casado com a Rainha Estrela. Eles tinham 2 filhos: Príncipe Azistar e Princesa Azistrela.

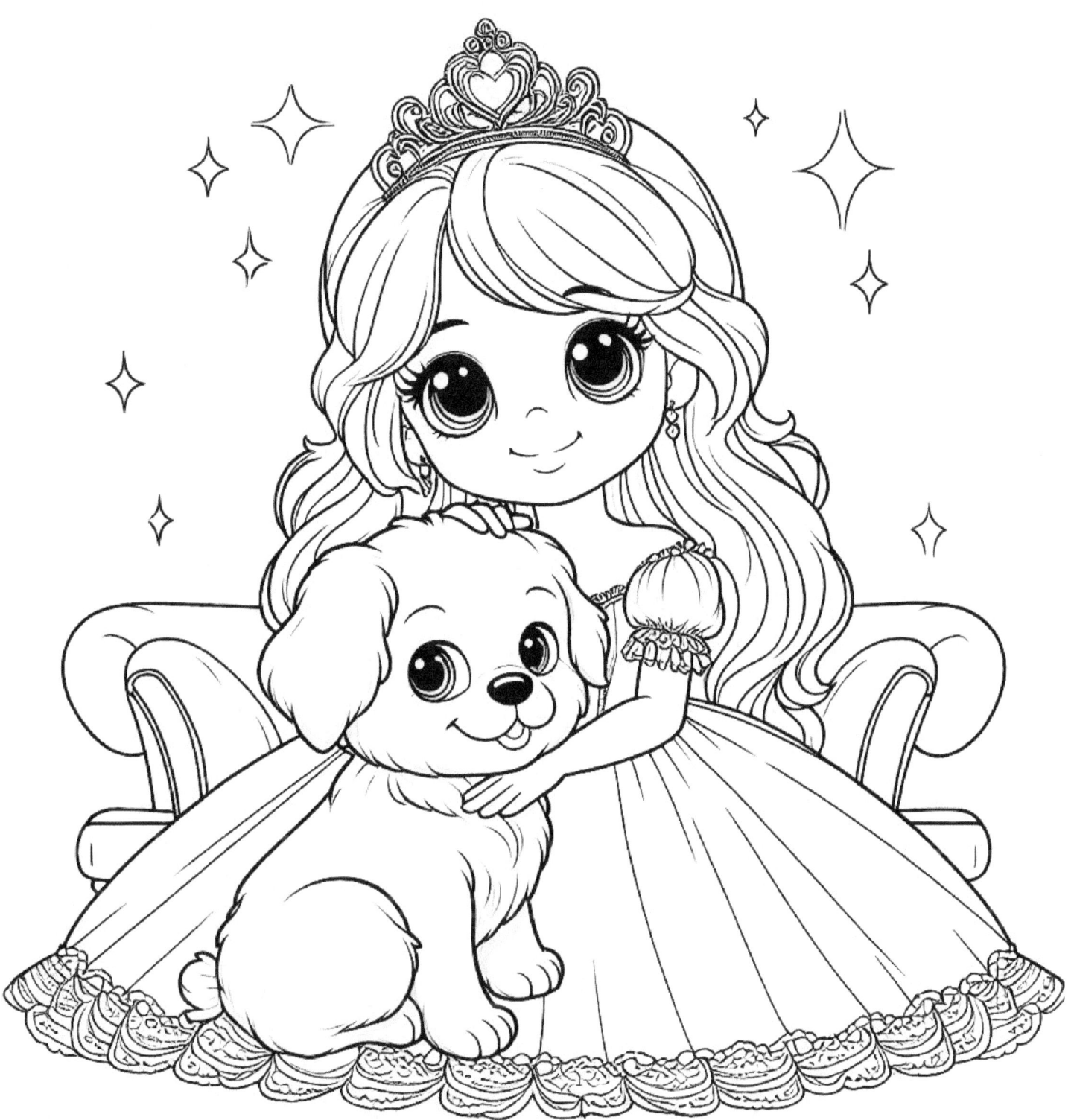

A Princesa Azistrela era uma amante de animais.
Passava seu tempo explorando a natureza e cuidando dos animais
que habitavam o reino, espalhando alegria e bondade por onde passava.

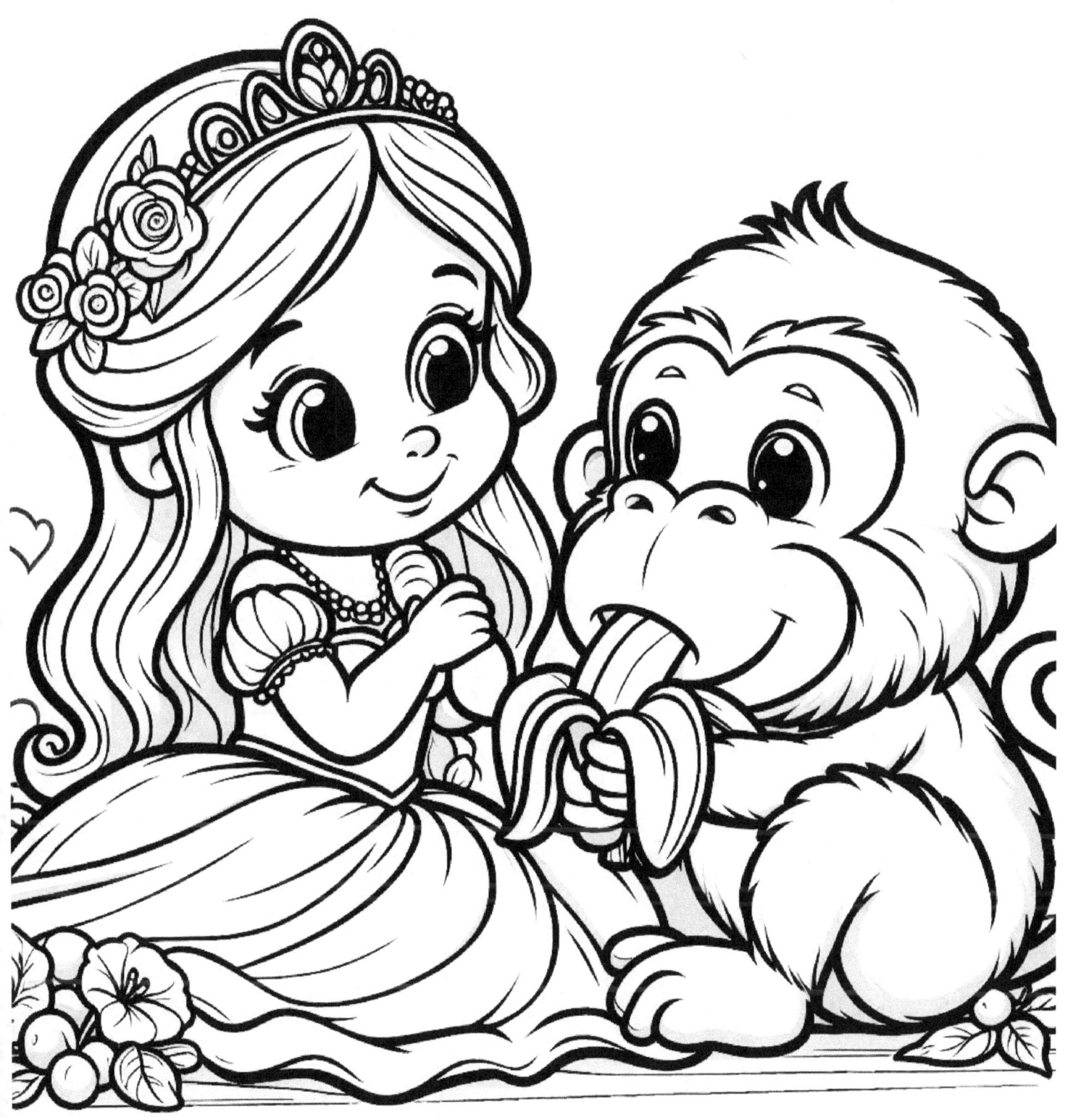

Alimentava o macaquinho Espeto.

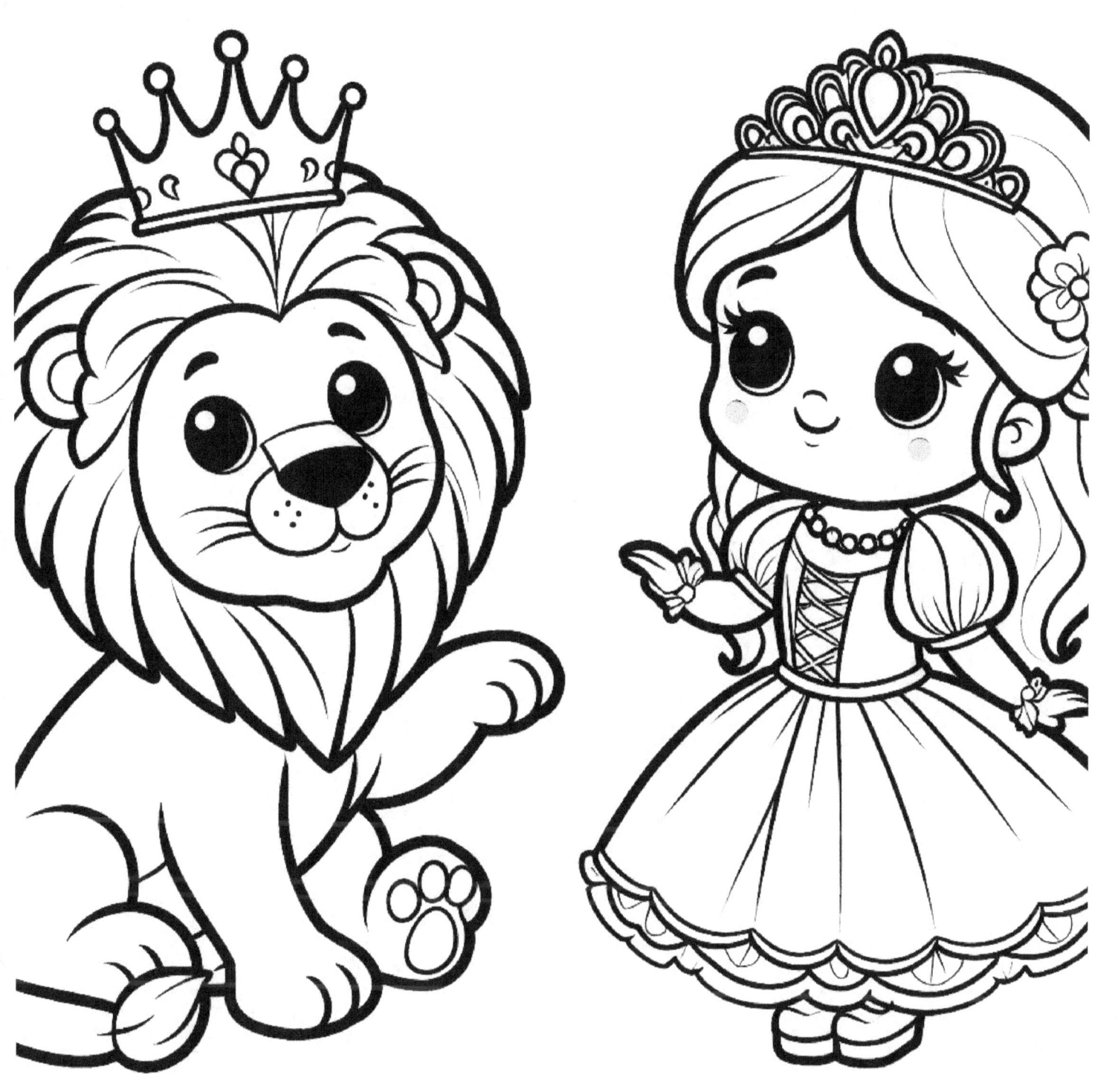

Brincava com o leãozinho Leo.

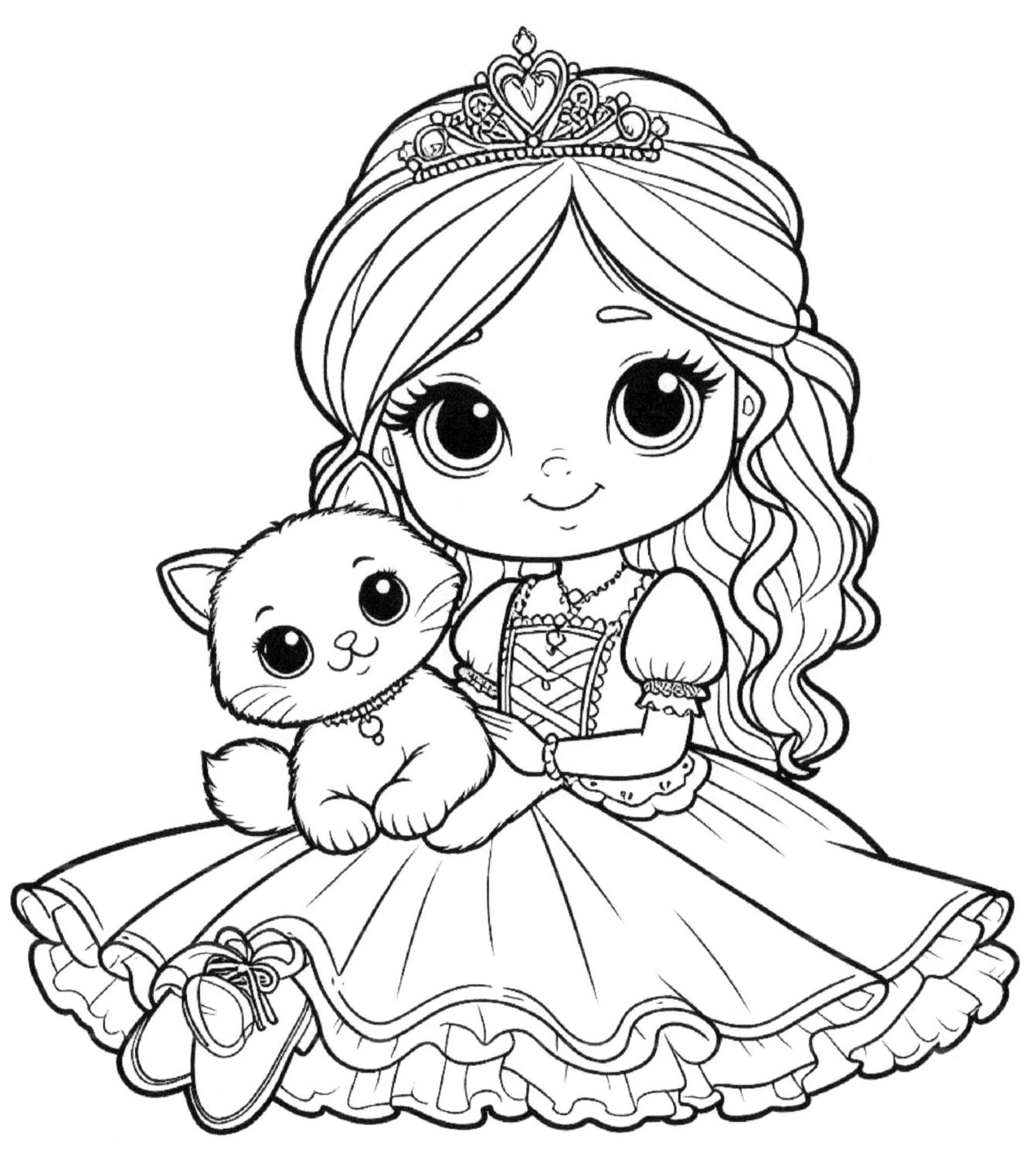

Pegava no colo o gatinho Boris.

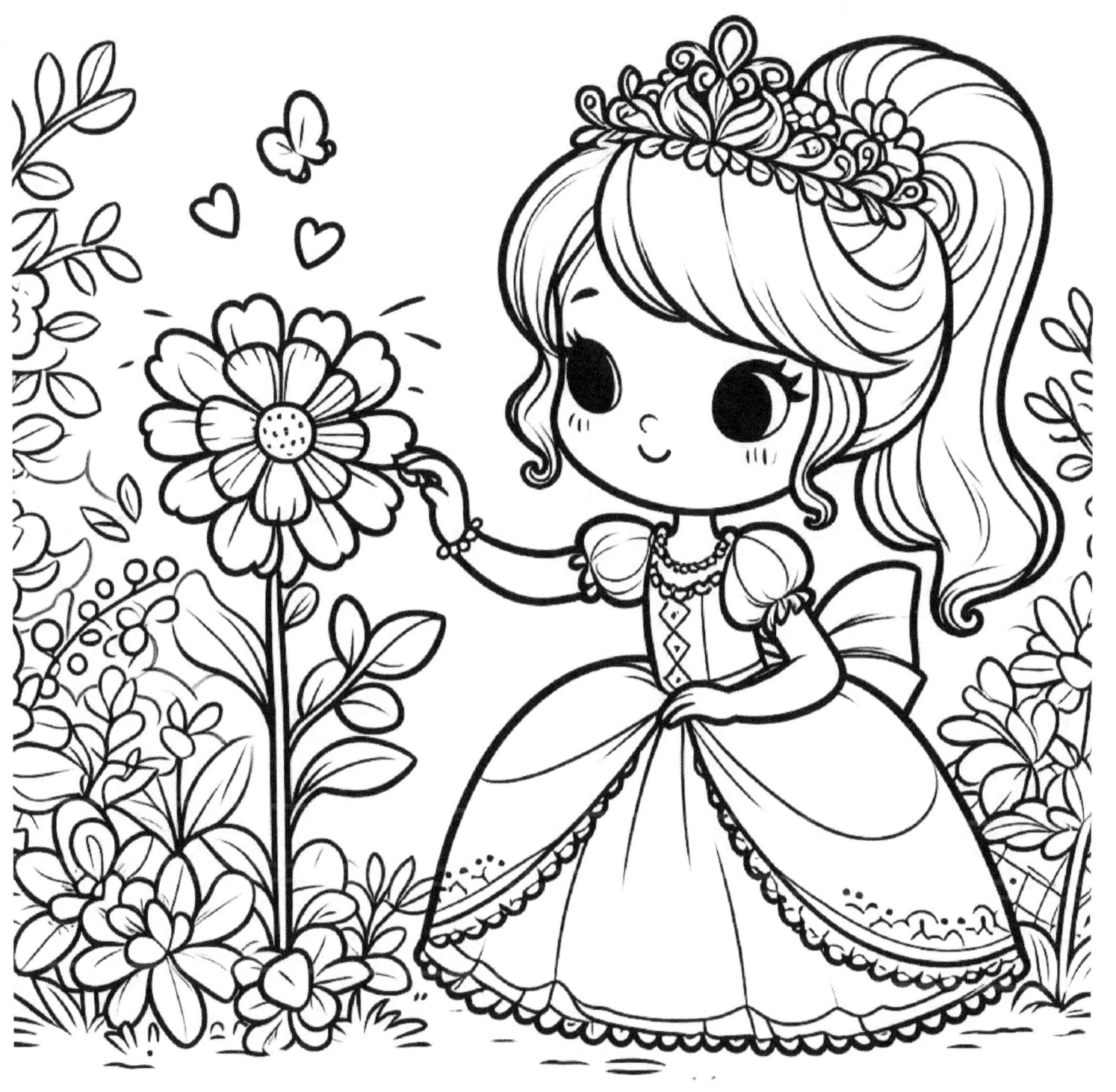

Toda manhã a princesa Azistrela cuidava das flores do seu jardim.

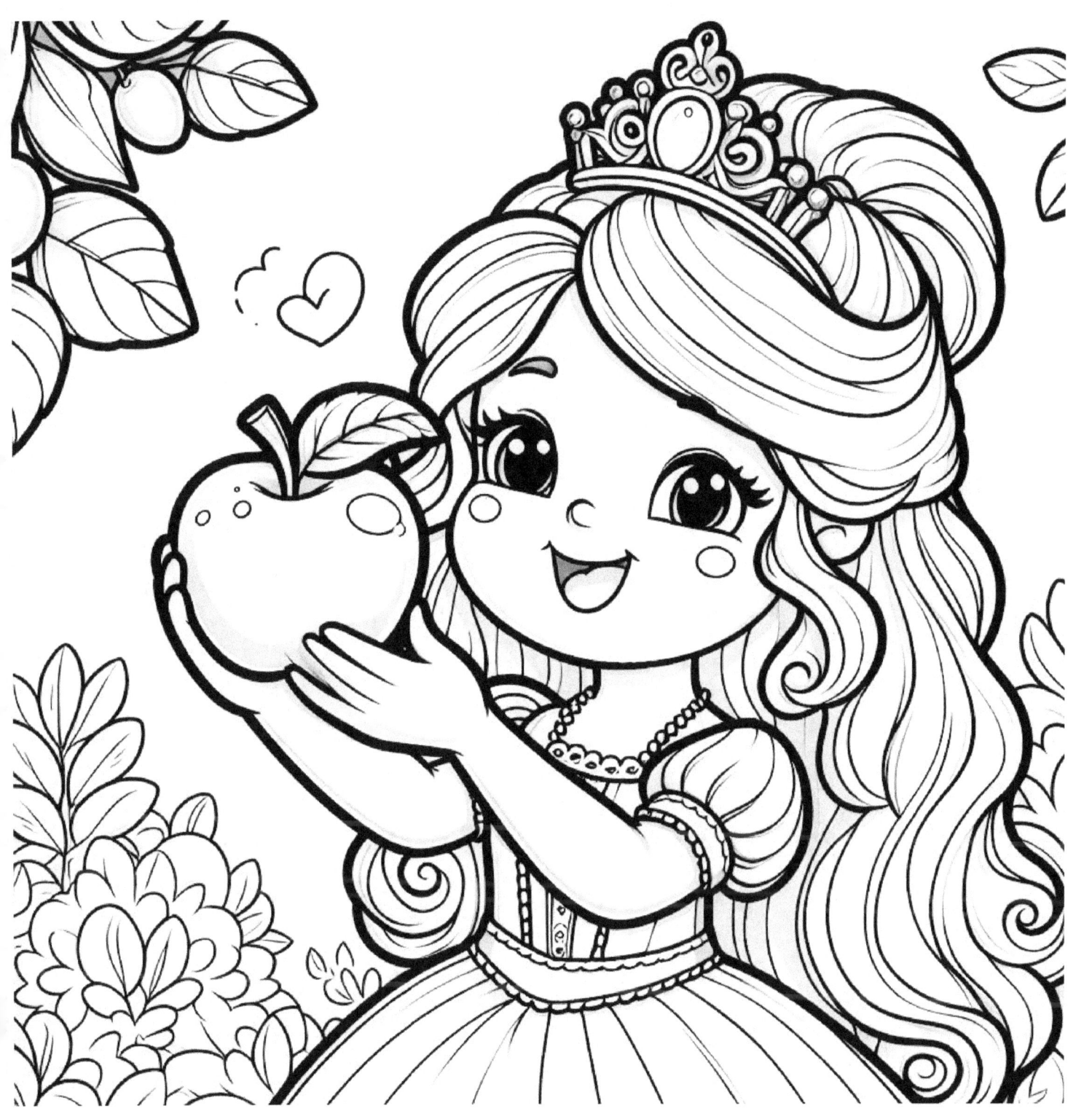

Adorava comer a maçã docinha do seu pomar.

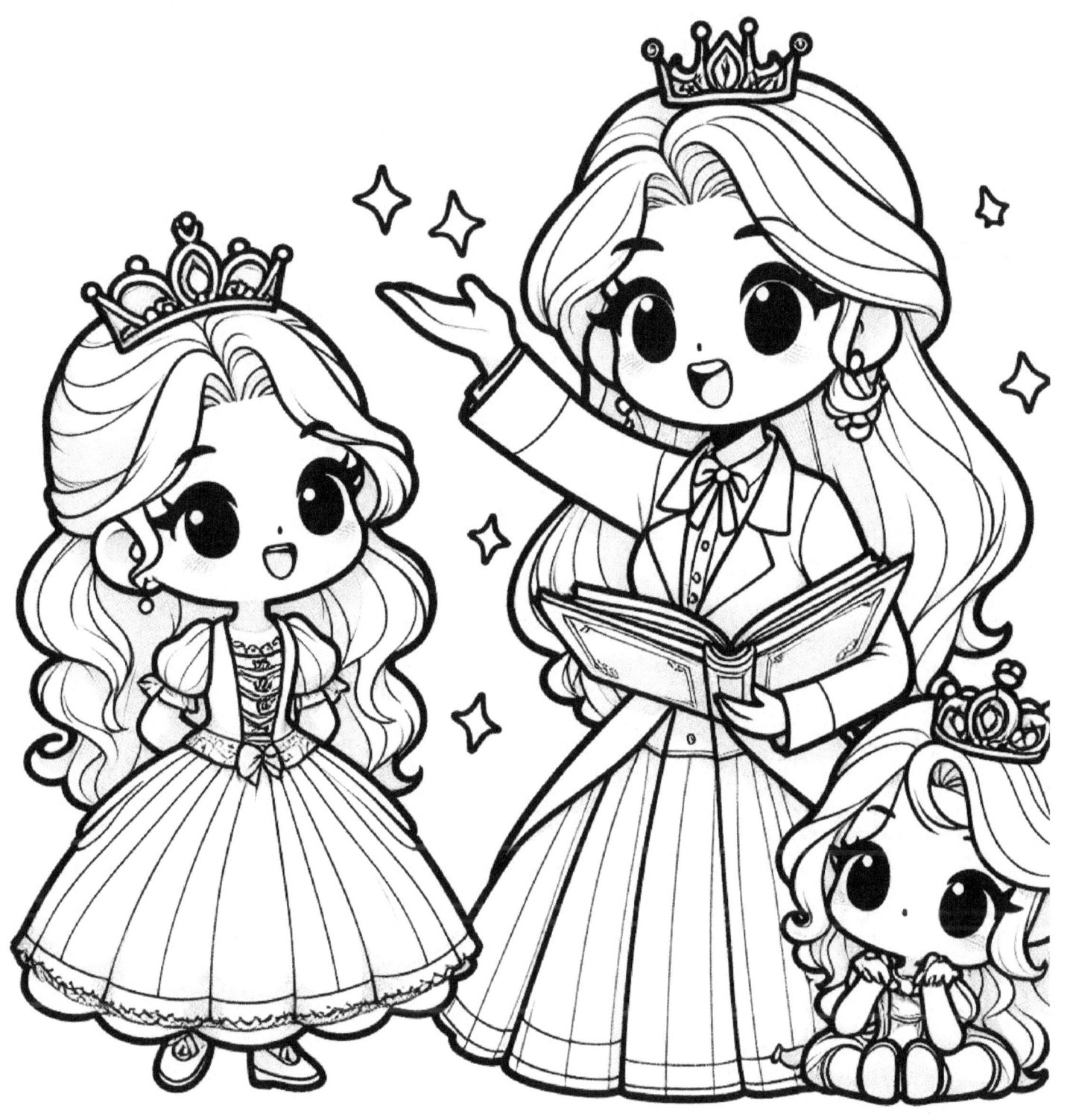

**Azistrela tinha aulas todo dia com a professora Bela.**

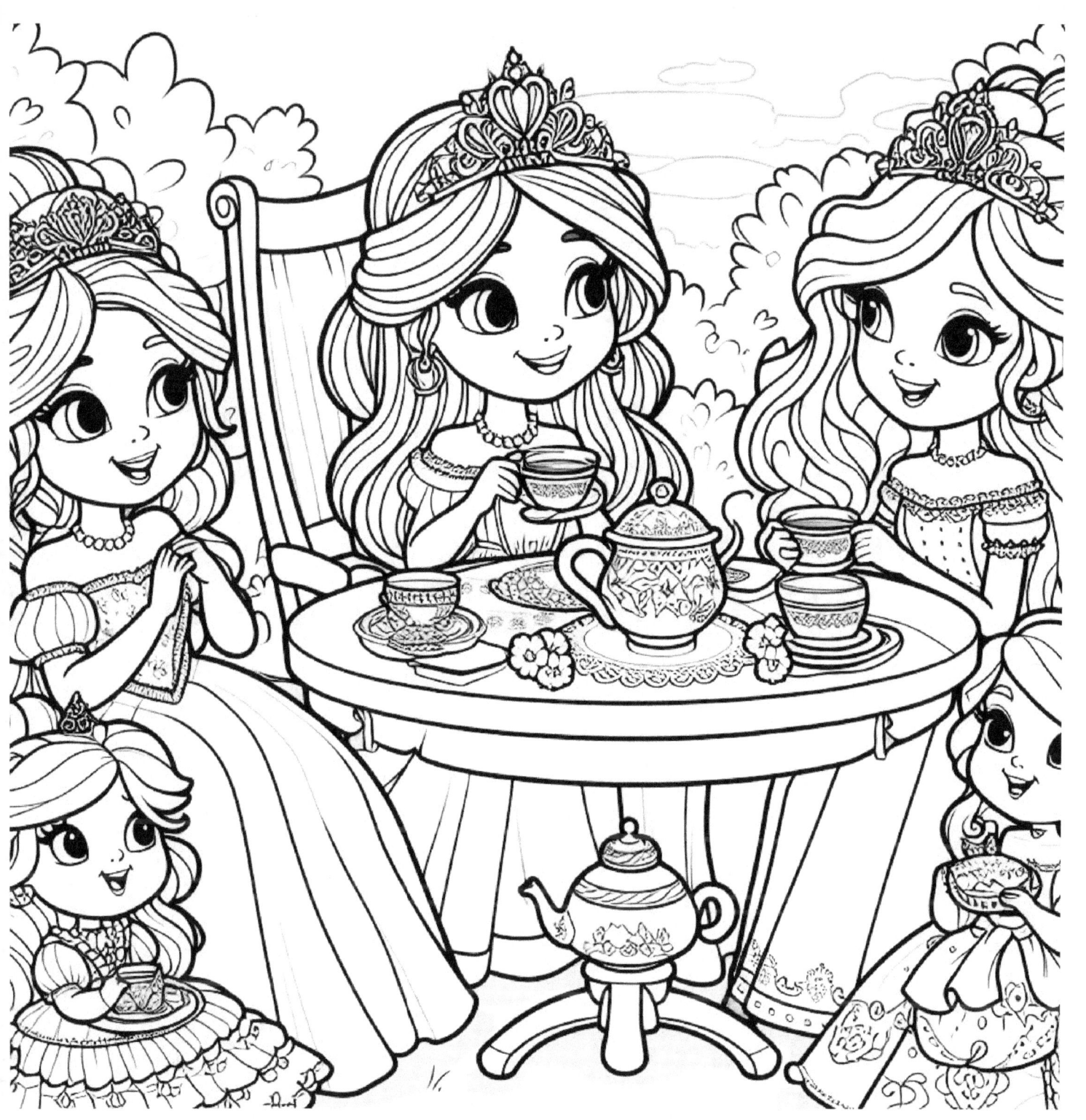

Toda semana ela convidava suas amigas para um chá da tarde.

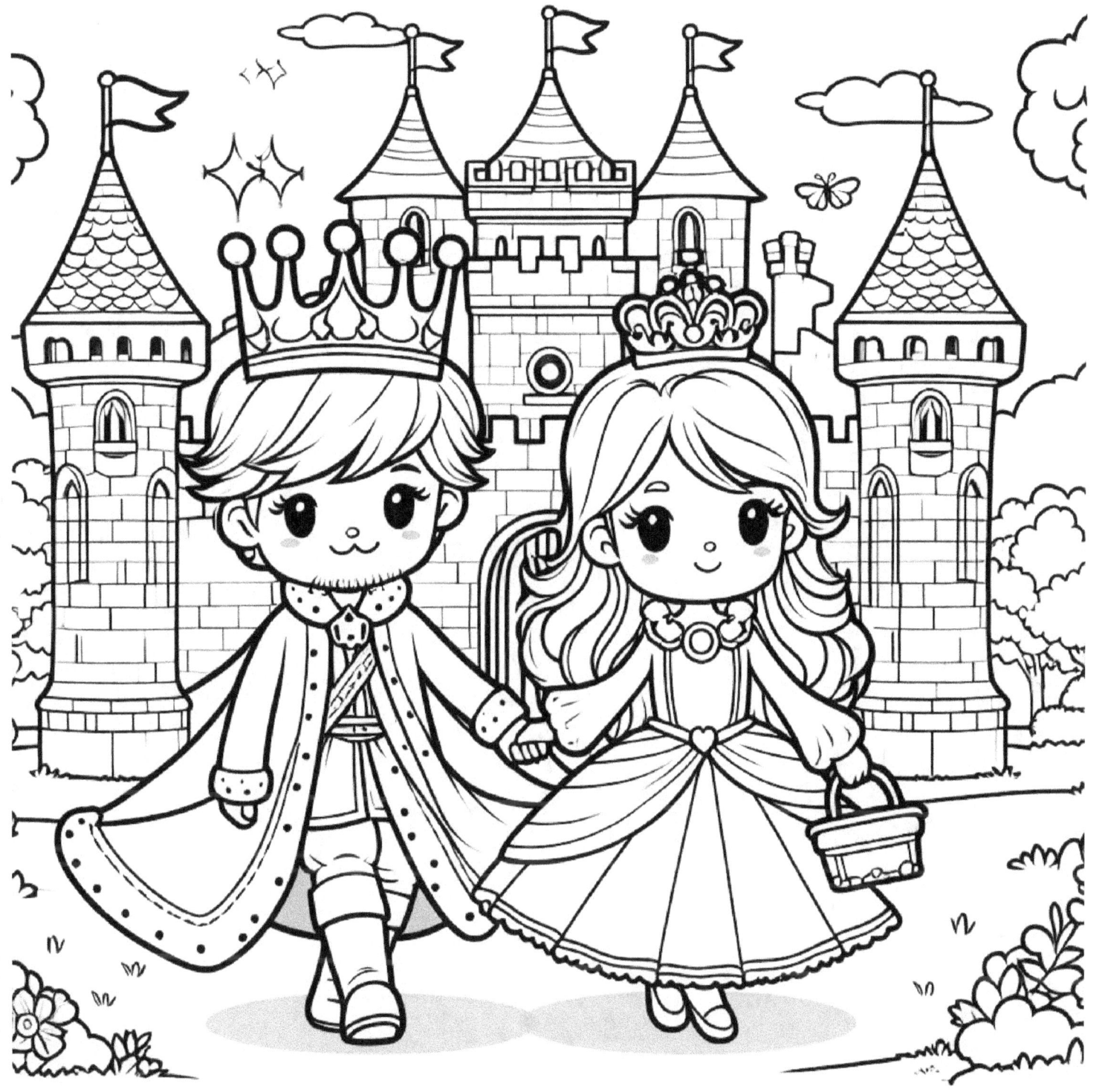

O Príncipe Azistar era um companheiro brincalhão.
Ele e a Princesa Azistrela eram inseparáveis, compartilhavam aventuras e risadas enquanto exploravam juntos o fascinante Reino.

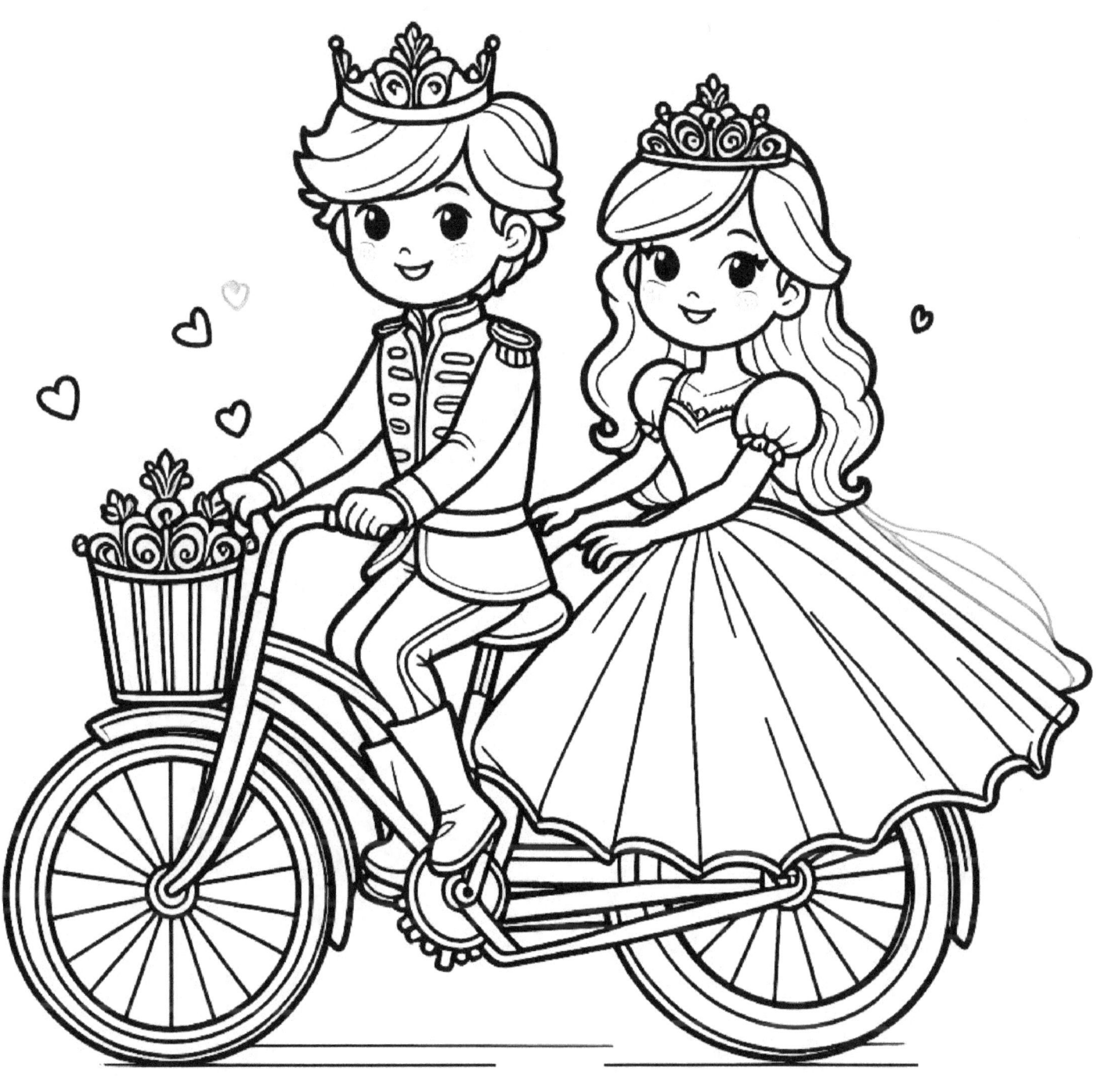

**Eles andavam de bicicleta.**

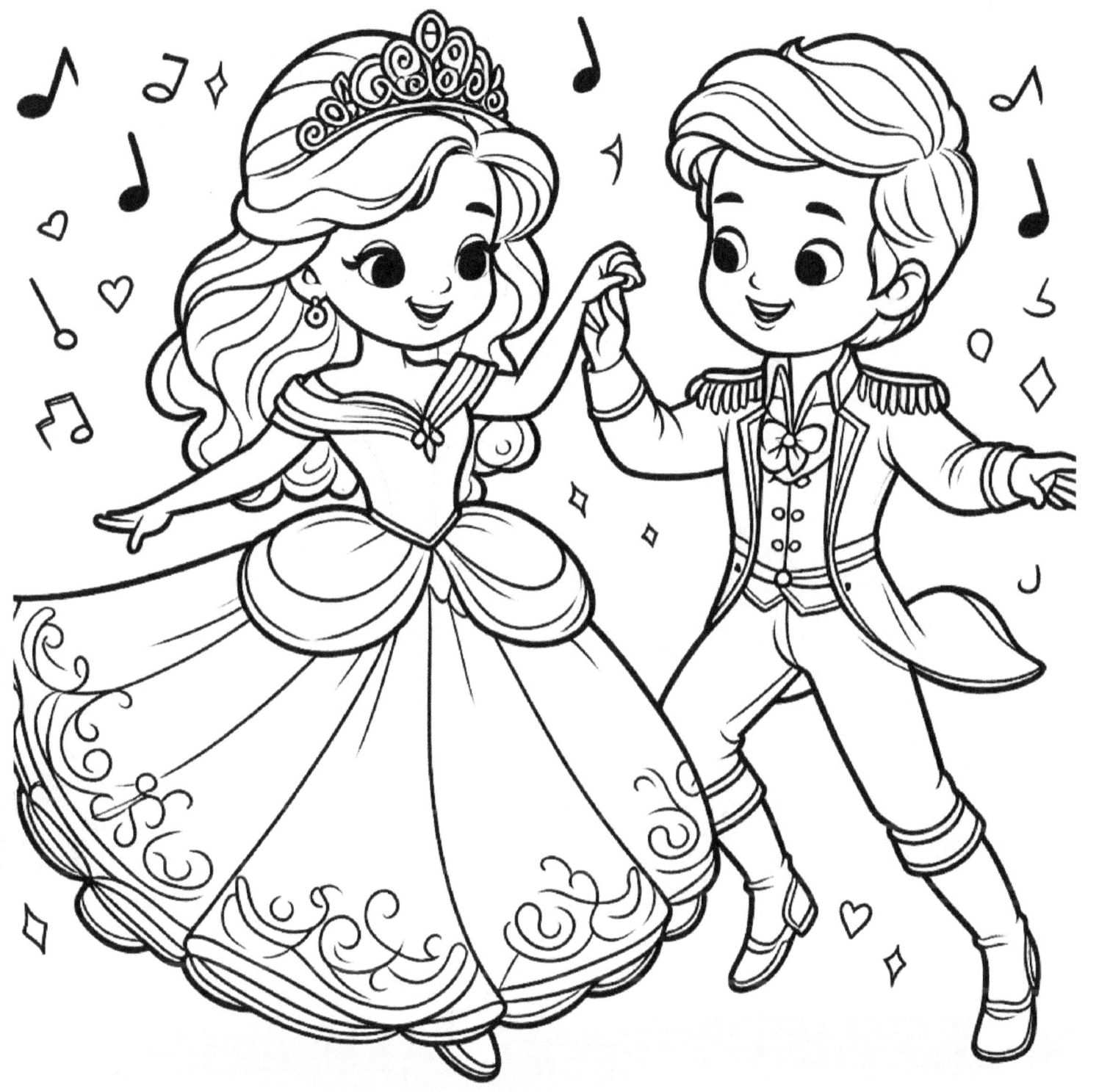

Gostavam de dançar nas festas do Castelo.

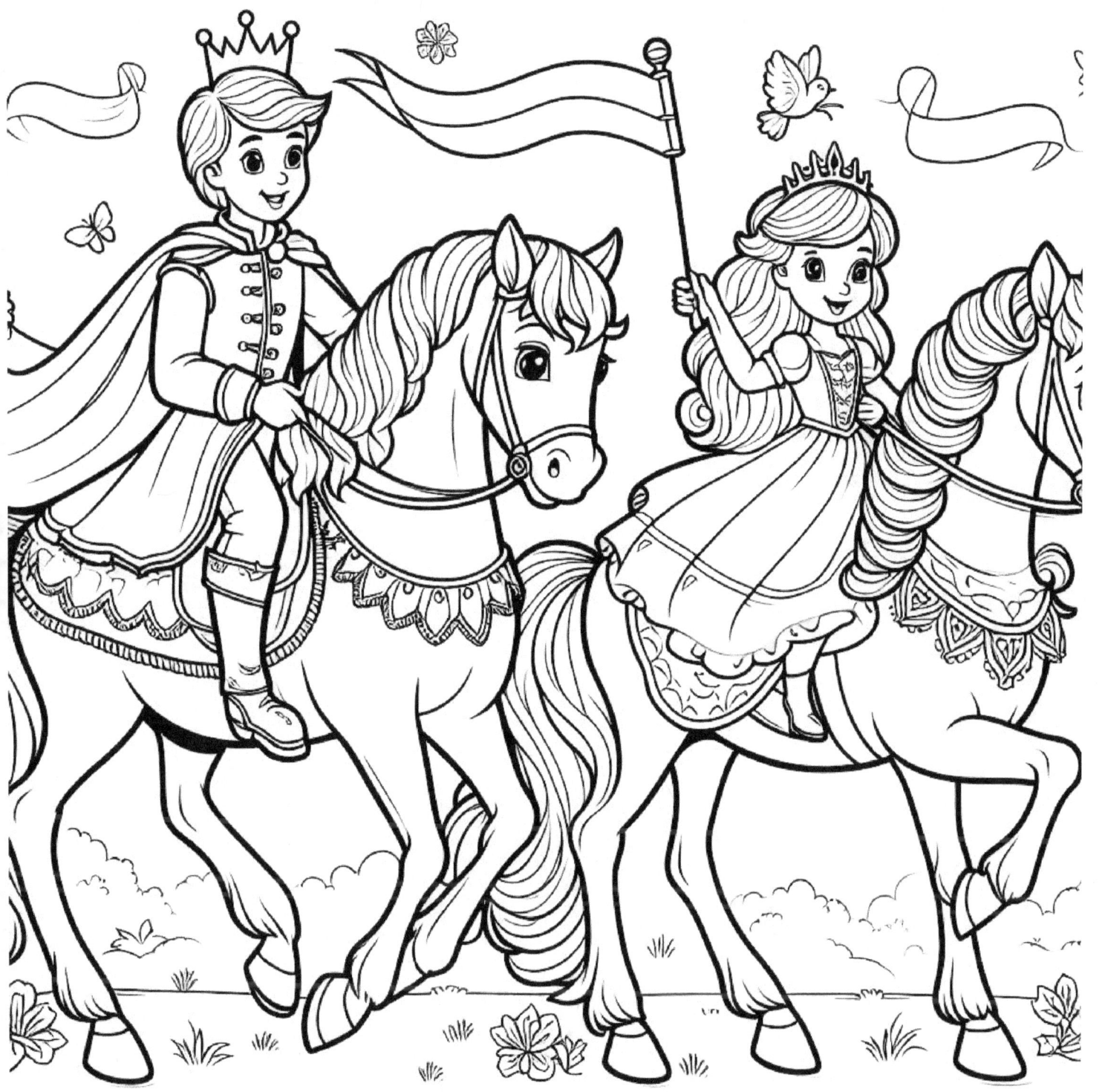

Adoravam fazer passeios a cavalo, explorando os belos cenários do Reino Encantado, desfrutando da liberdade e da aventura que os cavalos proporcionavam.

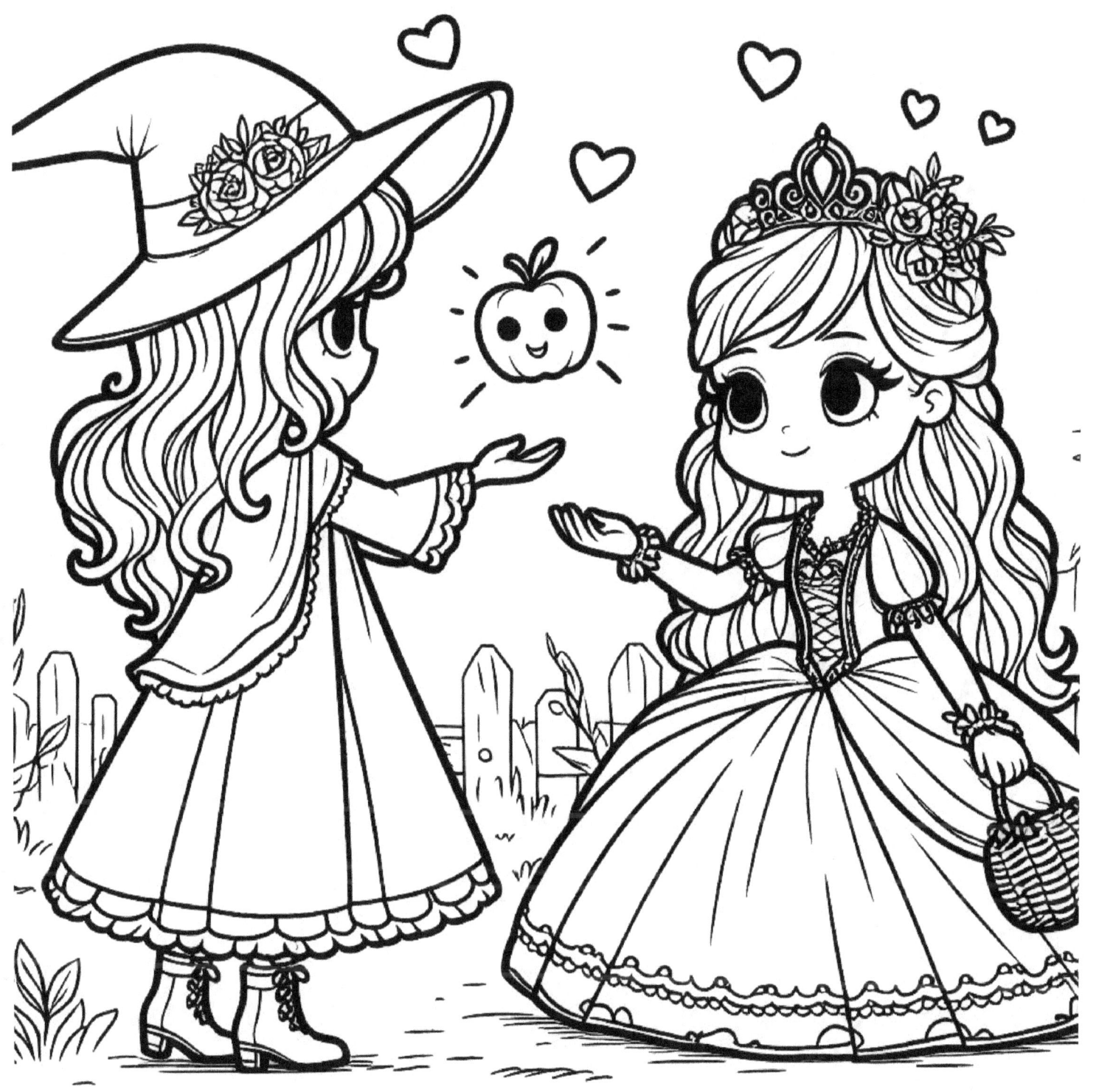

Um dia, Azistrela conheceu a bruxinha Lala durante uma de suas aventuras pelo Reino Encantado.

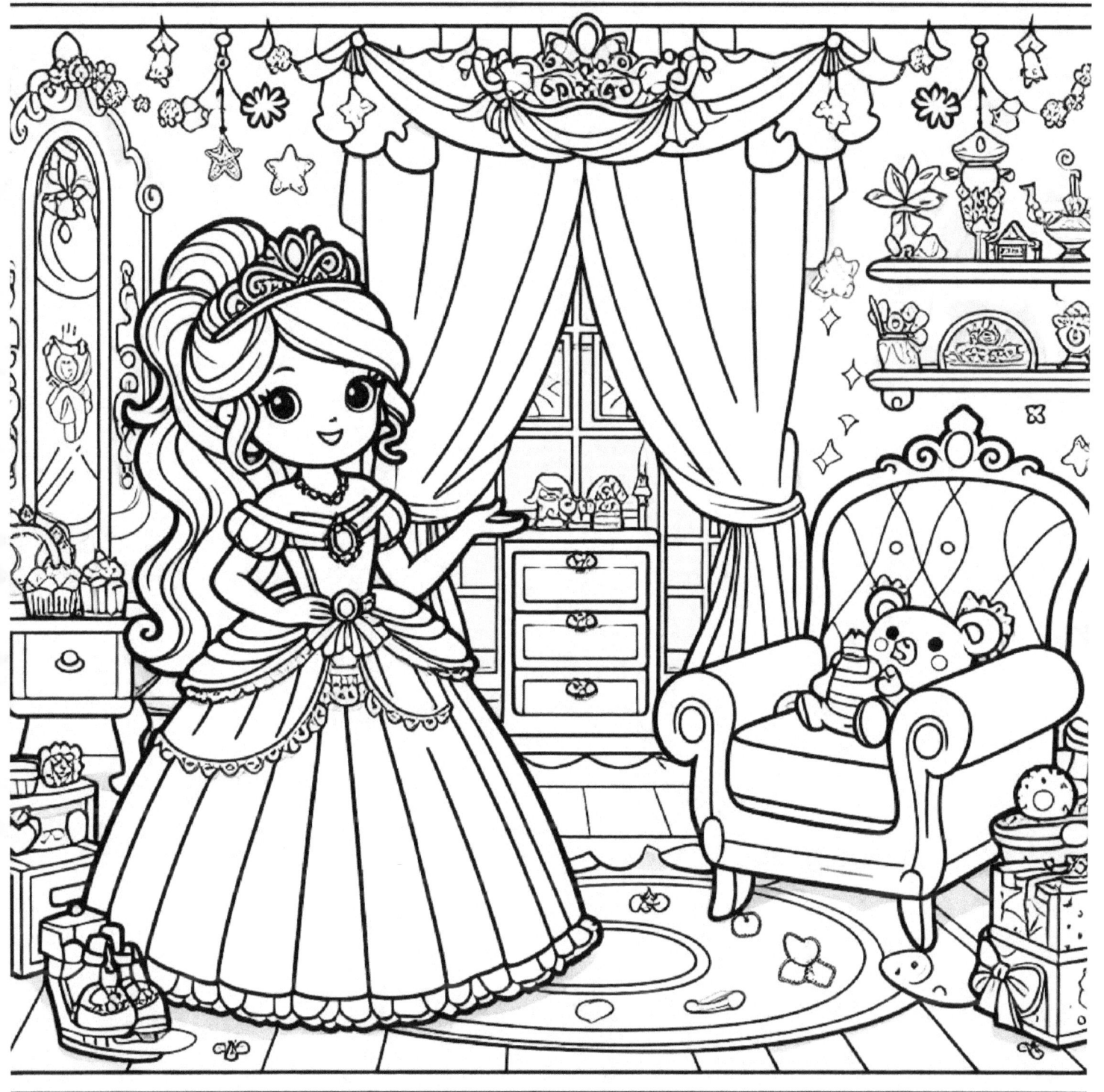

**O quarto de Azistrela era o seu local favorito no castelo. Decorado com cores vibrantes e móveis encantados, era um espaço mágico onde ela passava horas lendo livros de contos de fadas, brincando com seus brinquedos e sonhando com novas aventuras.**

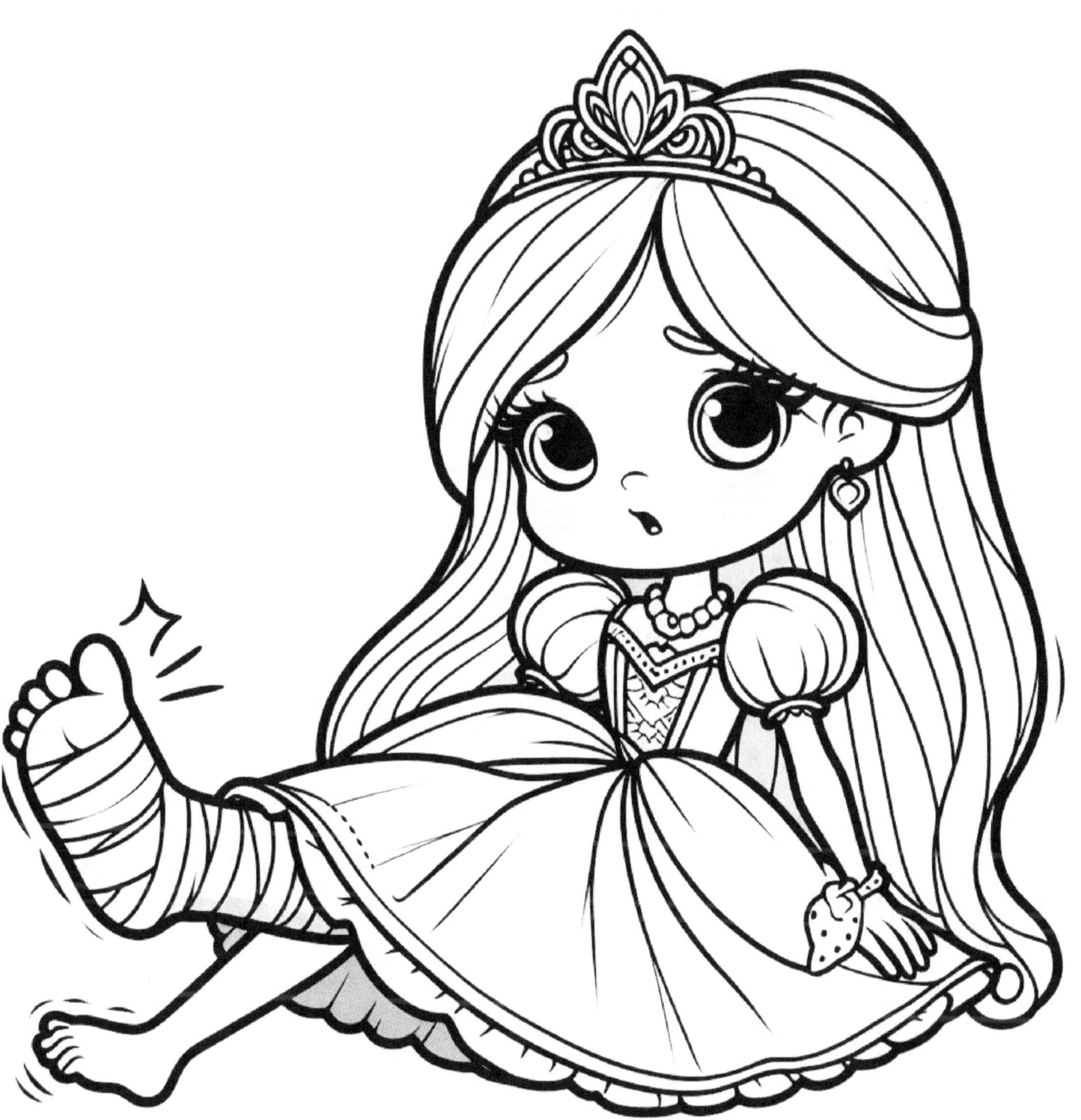

Em um certo dia, a Princesa Azistrela machucou-se enquanto brincava com o irmão, o Príncipe Azistar.

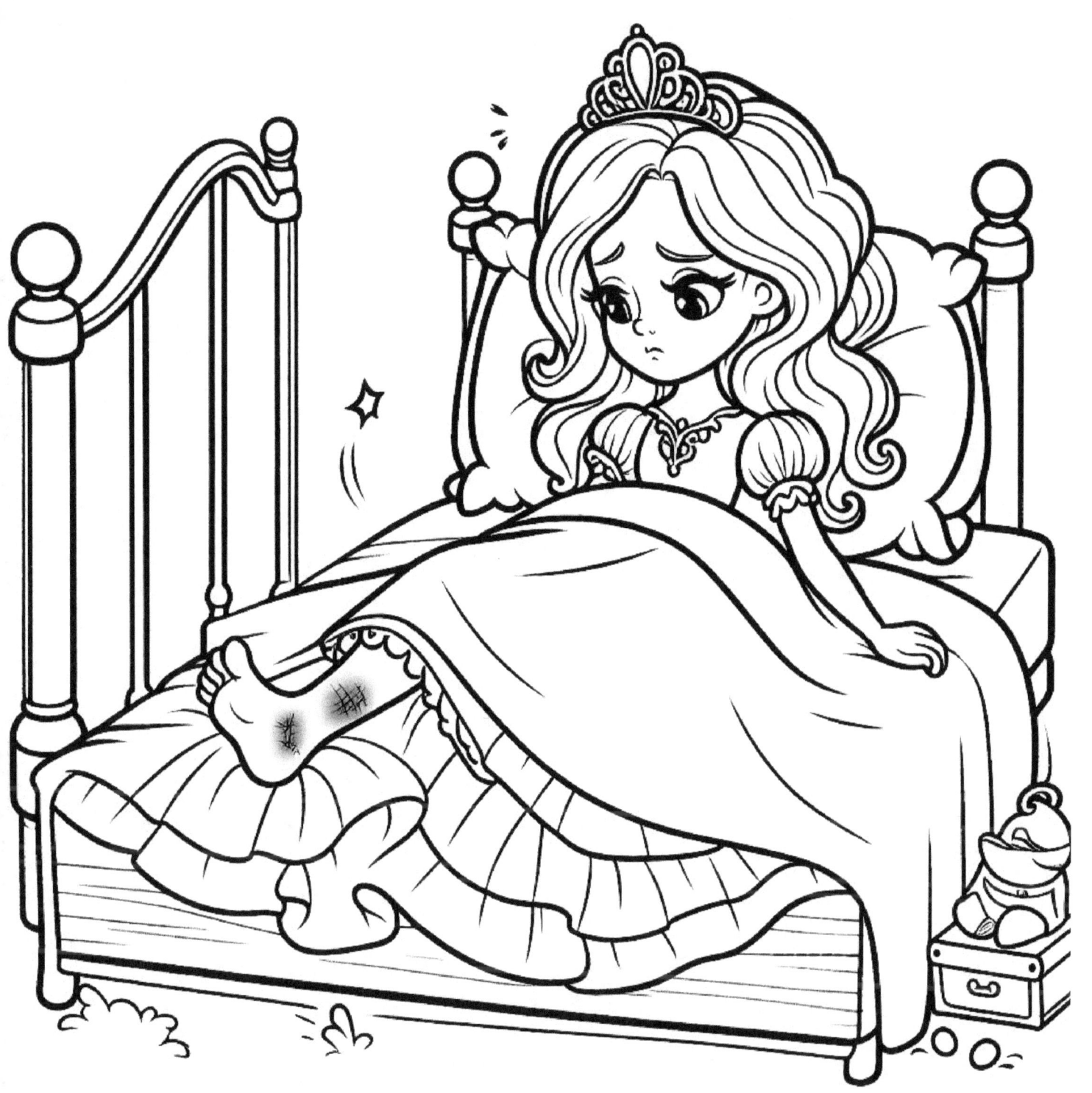

**Depois de machucar o pé, Azistrela passou vários dias triste, na cama, sem poder passear pelo Reino Encantado.**

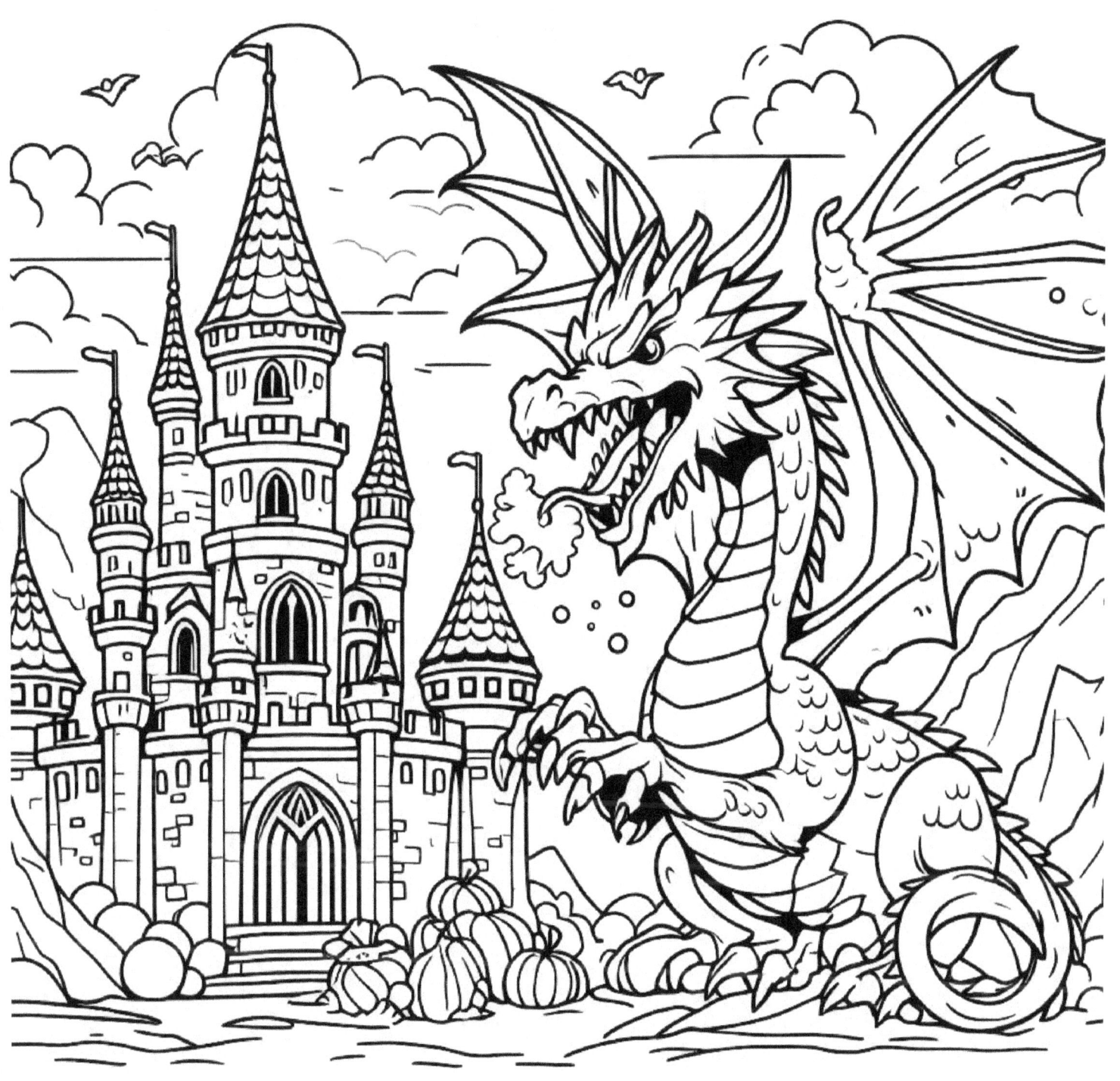

No pacífico Reino Encantado, Príncipe Azistar e Princesa Azistrela viviam felizes até que um dia um dragão invadiu o castelo, trazendo aventuras emocionantes e desafios para os corajosos irmãos.

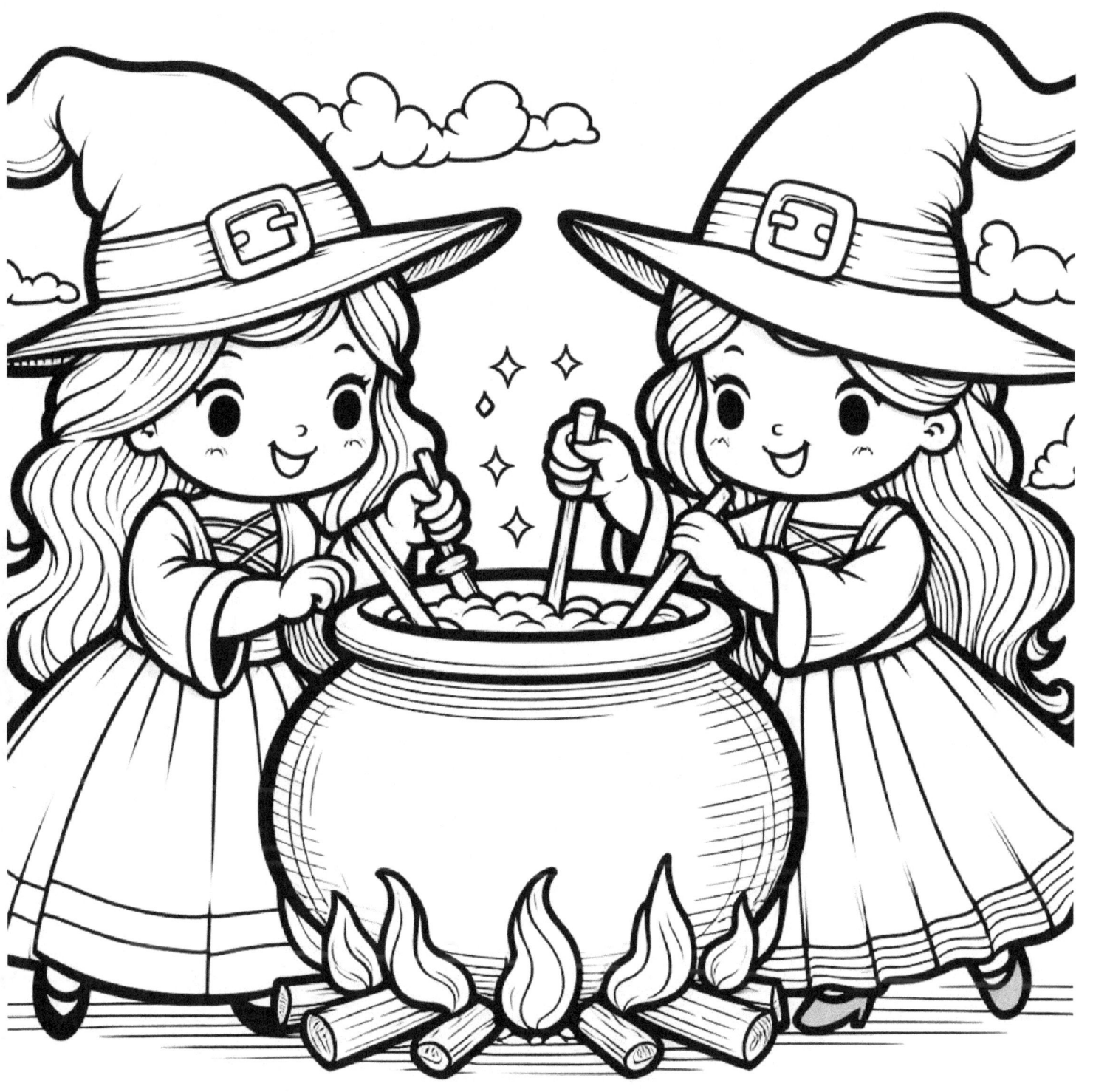

Quando o dragão atacou o Reino Encantado, os dois irmãos, Azistar e Azistrela, pediram ajuda às bruxinhas Lala e Sara para enfrentarem a ameaça e protegerem seu lar e seus amigos.

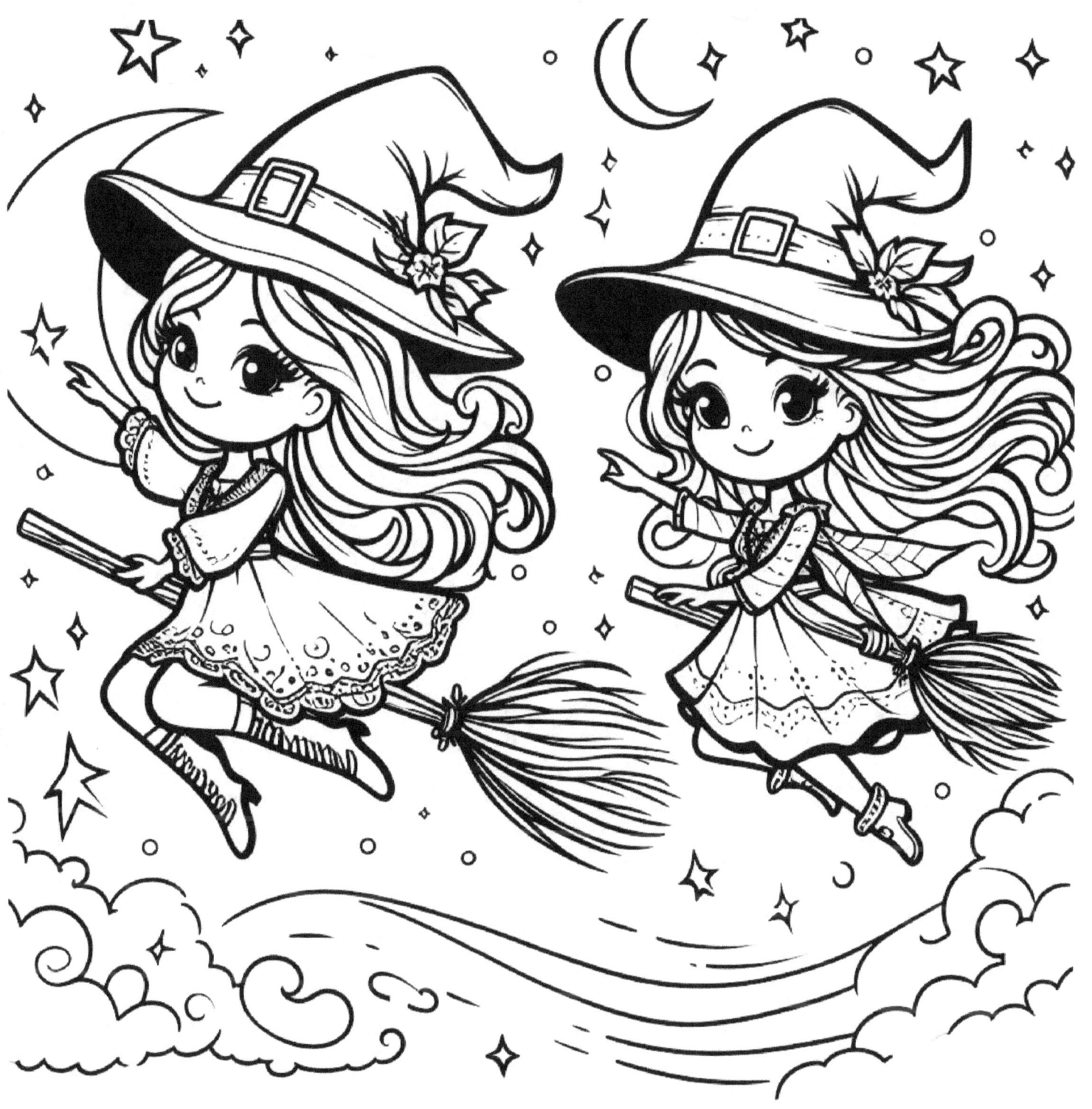

As bruxinhas voaram até o reino para ajudar, trazendo consigo sua magia e habilidades especiais para enfrentar o dragão e restaurar a paz no Reino Encantado.

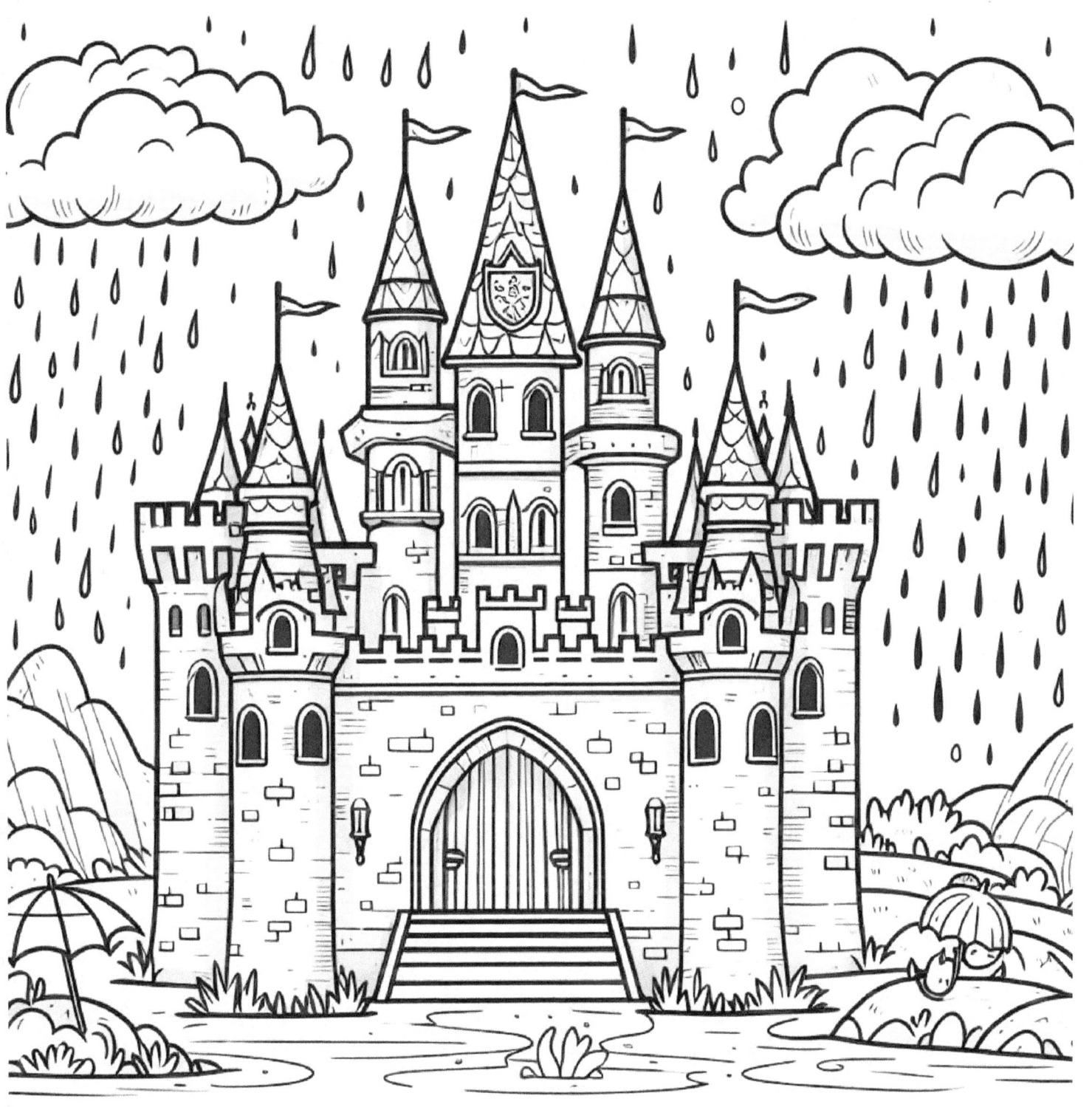

Com sua magia poderosa, as bruxinhas fizeram surgir uma chuva intensa que apagou os estragos causados pelo dragão, restaurando a beleza e a harmonia no Reino Encantado.

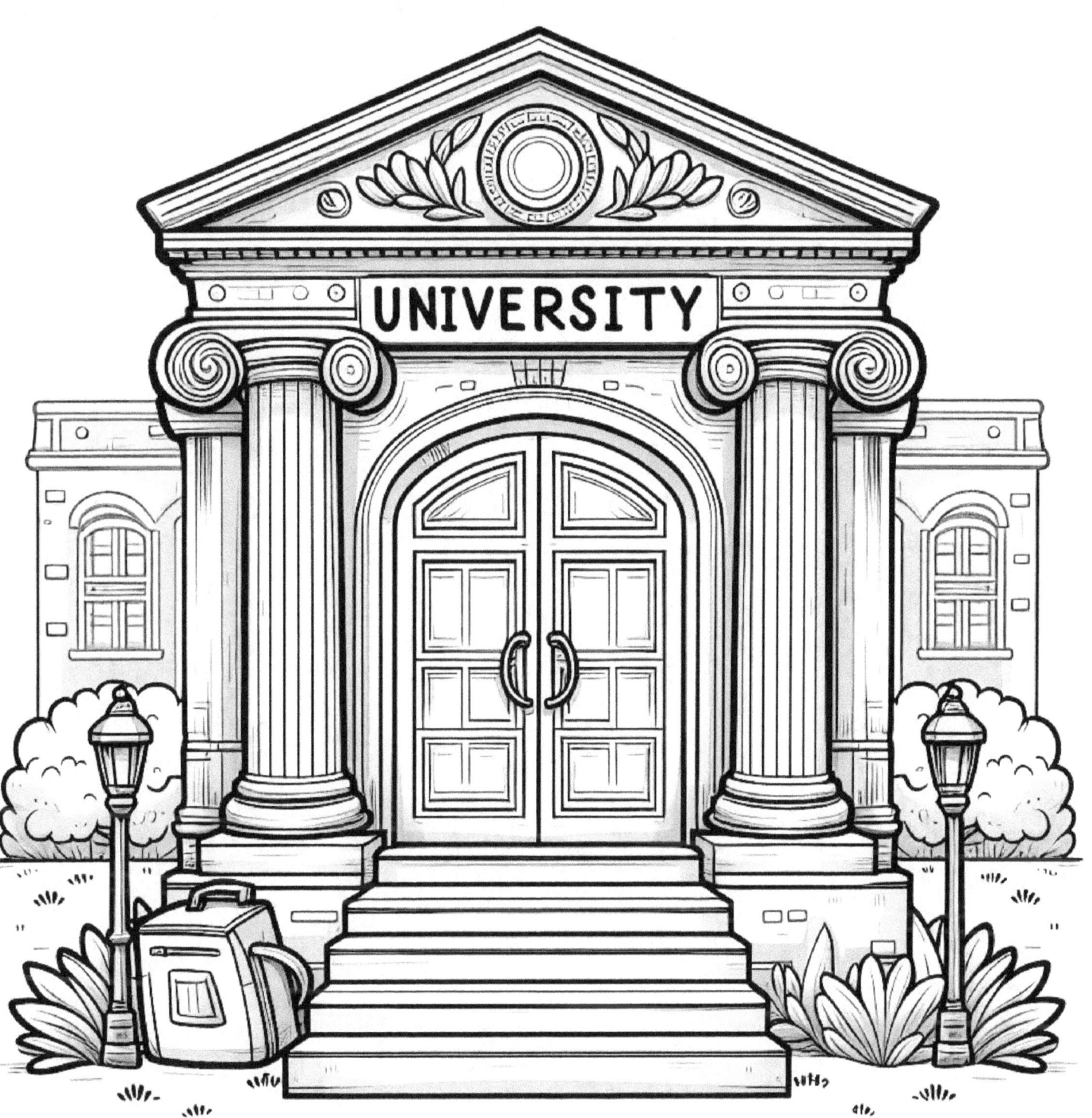

O tempo passou, e Azistrela seguiu seu coração, embarcando em uma jornada para estudar medicina.

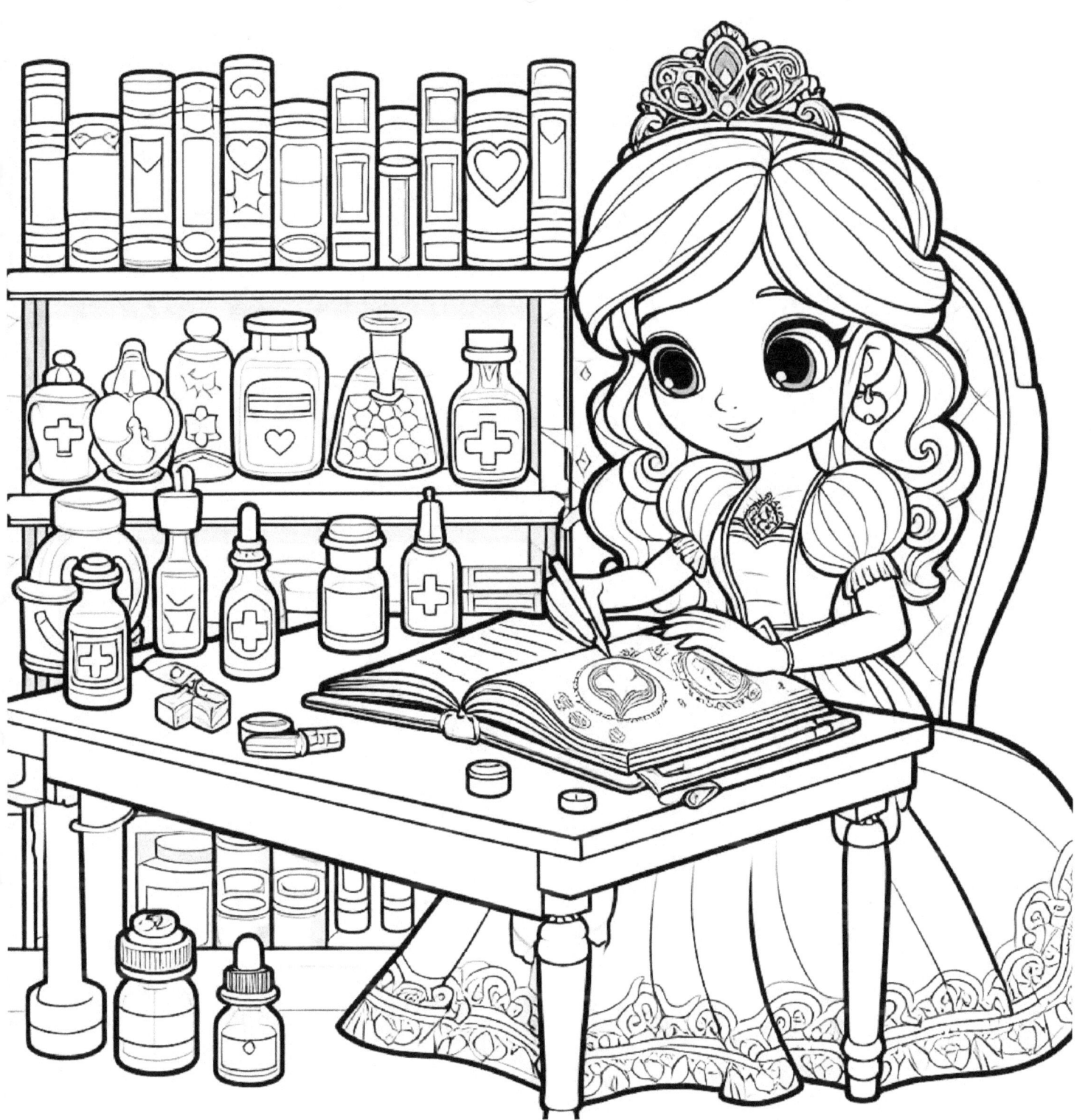

**Azistrela passava seus dias e noites estudando incansavelmente, mergulhando nos livros e aprendendo tudo o que podia para se tornar uma médica habilidosa e dedicada.**

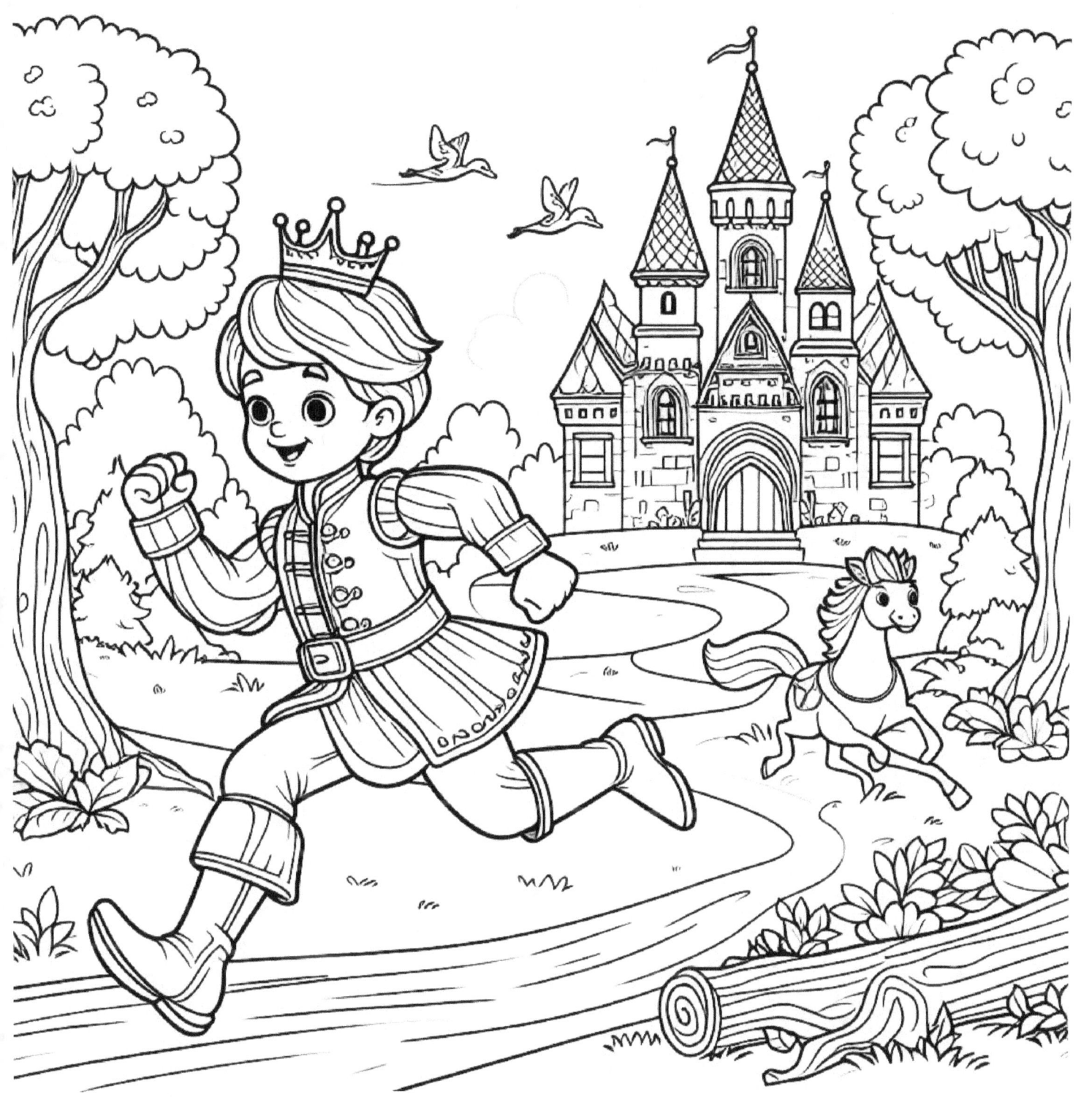

Enquanto Azistrela estava ocupada estudando medicina, o Príncipe Azistar dedicava-se ao Reino Encantado

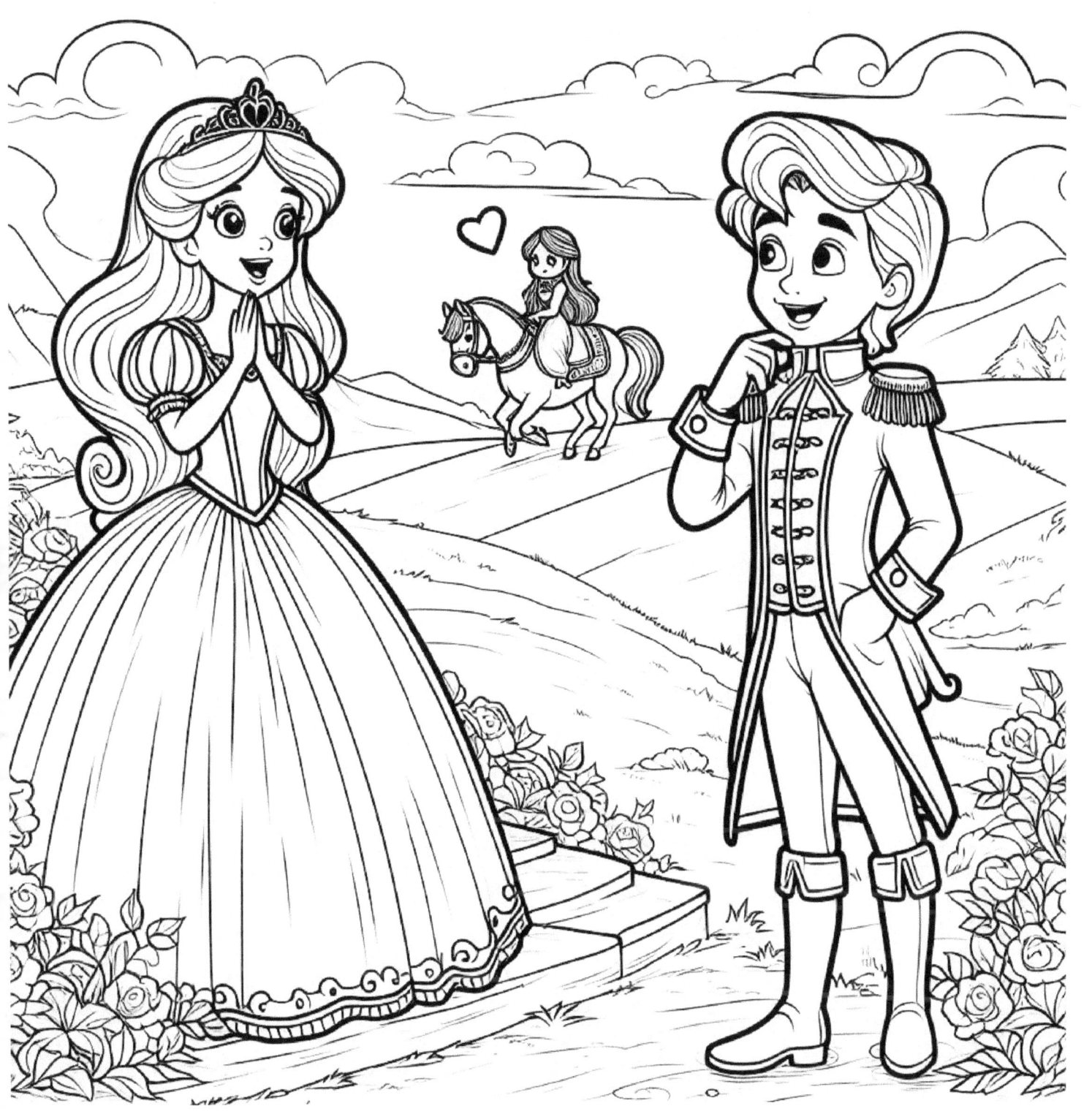

Durante esse tempo, conheceu uma amiga especial, a Princesa Luz.

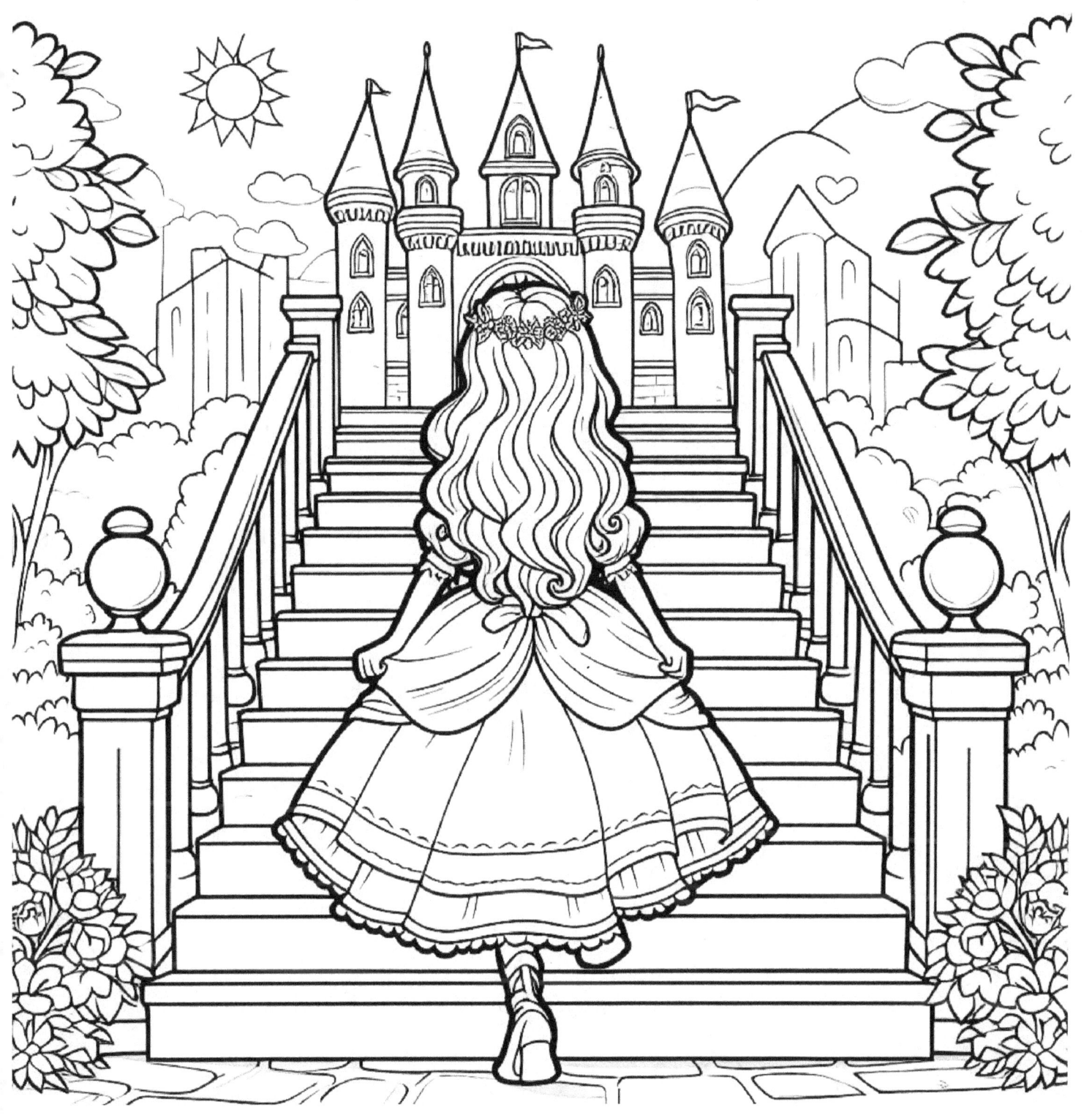

A amizade entre eles floresceu, trazendo ainda mais brilho e alegria ao reino.

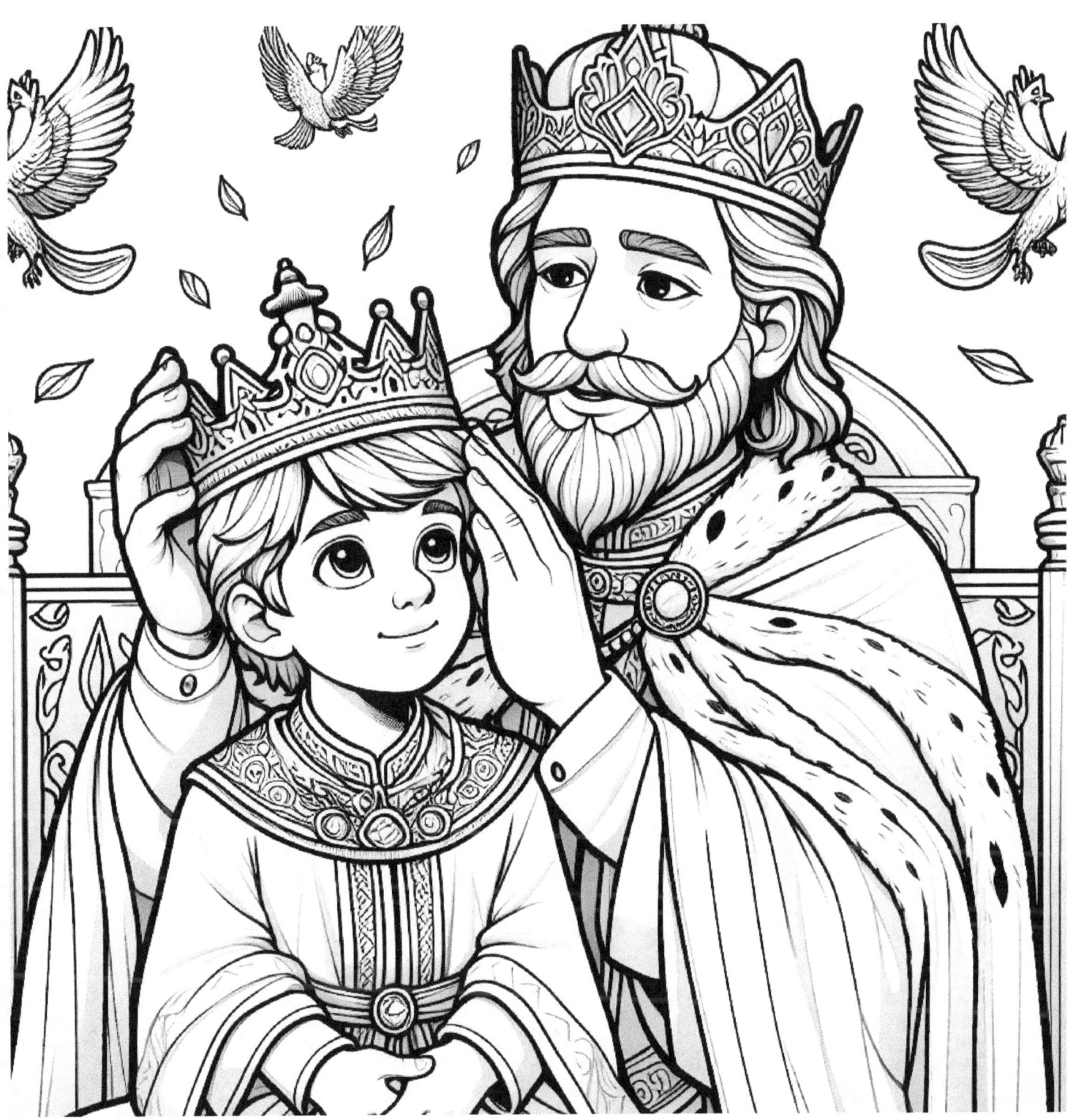

Vendo o esforço e dedicação do filho, o Rei decidiu coroá-lo como Rei Azistar do Reino, reconhecendo assim sua habilidade e comprometimento em governar e proteger o Reino Encantado.

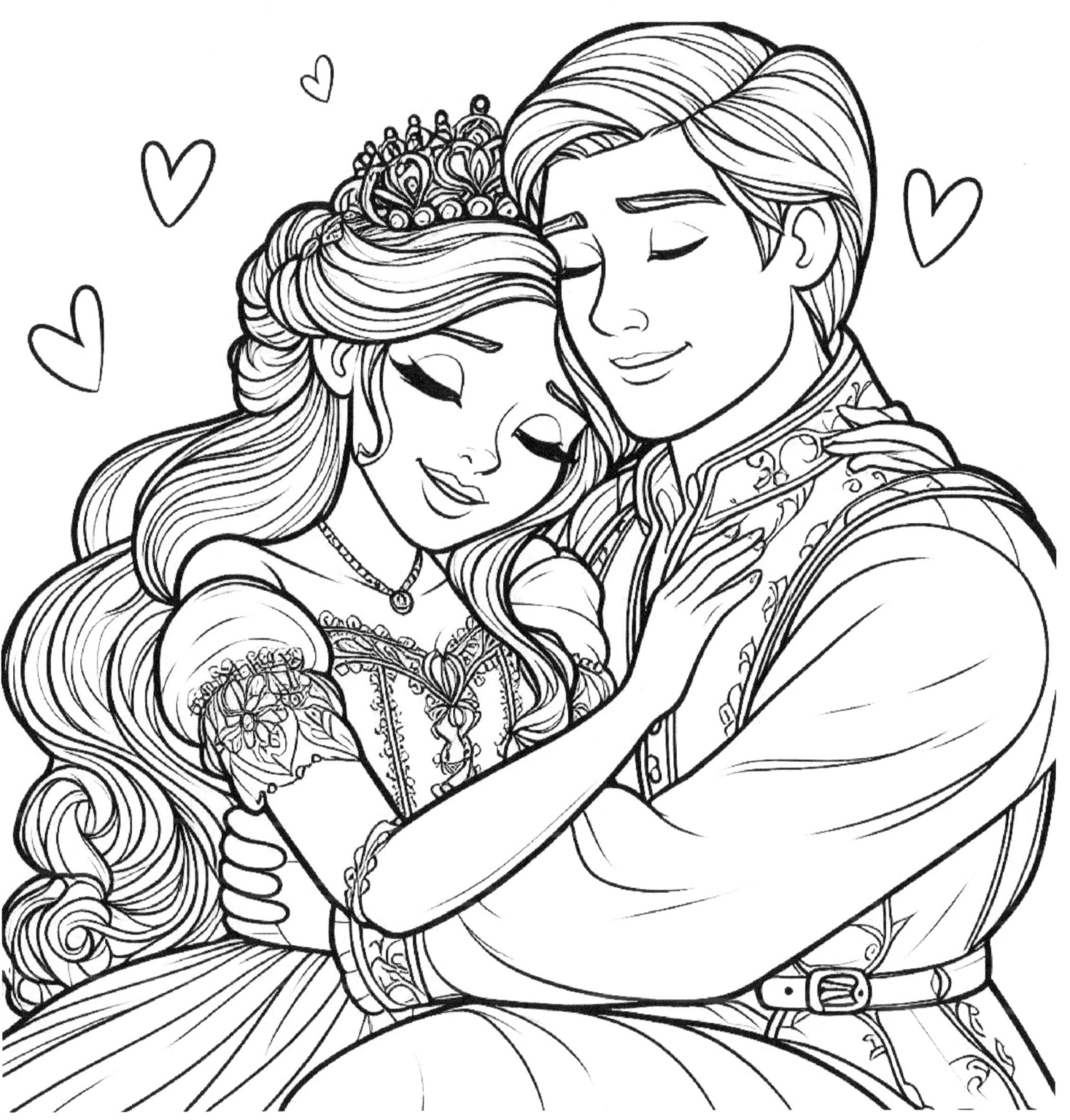

**Dez anos se passaram...Todo rei merece uma rainha, e a amizade entre Príncipe Azistar e Princesa Luz foi se transformando em amor. Então eles decidiram se casar, unindo seus corações e fortalecendo ainda mais o Reino com sua união.**

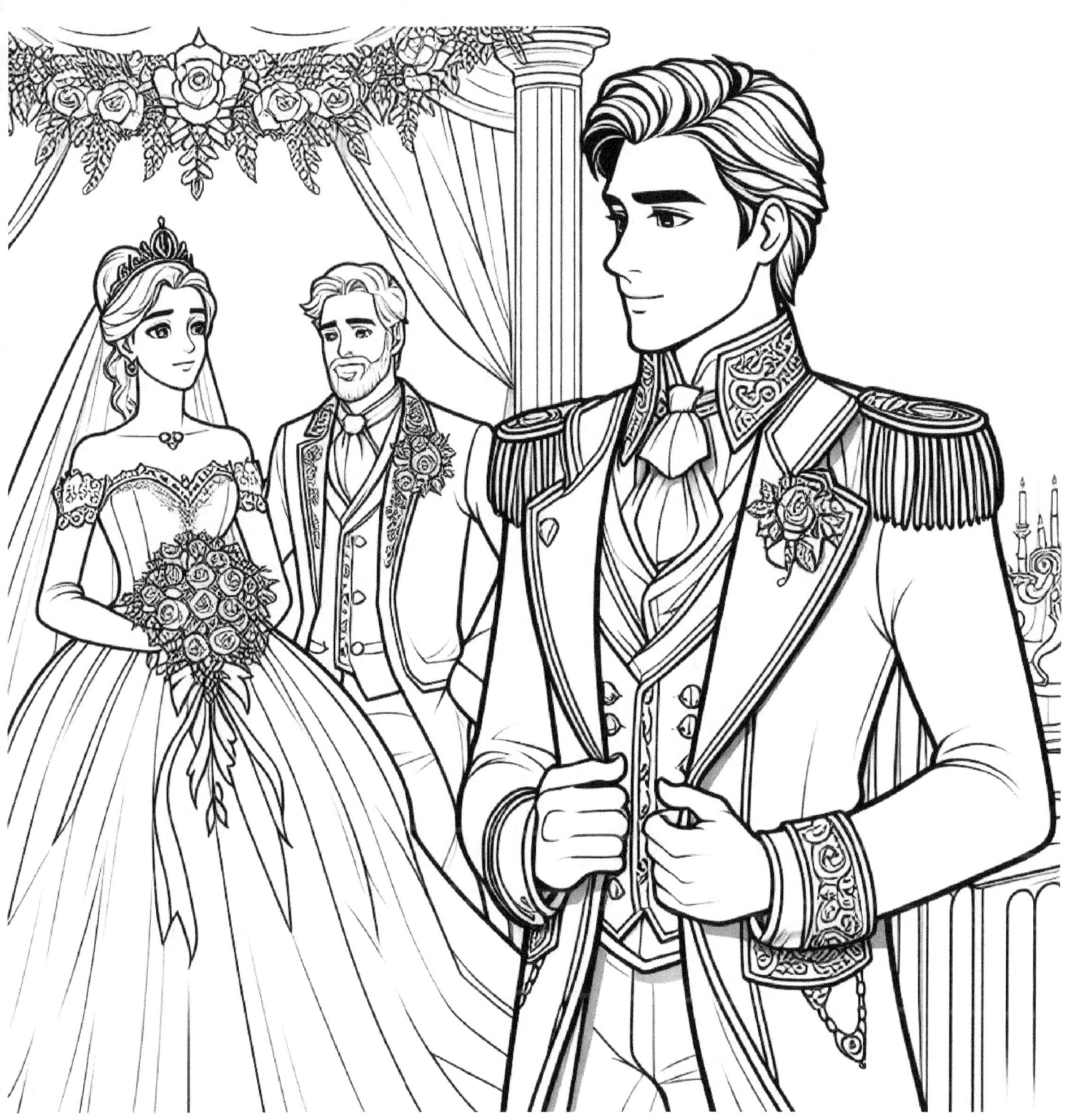

O dia do casamento chegou, e o Príncipe Azistar estava ansioso aguardando a chegada da sua amada noiva, a Princesa Luz. O castelo estava adornado com luzes e flores, criando um cenário mágico para a celebração do amor e da união.

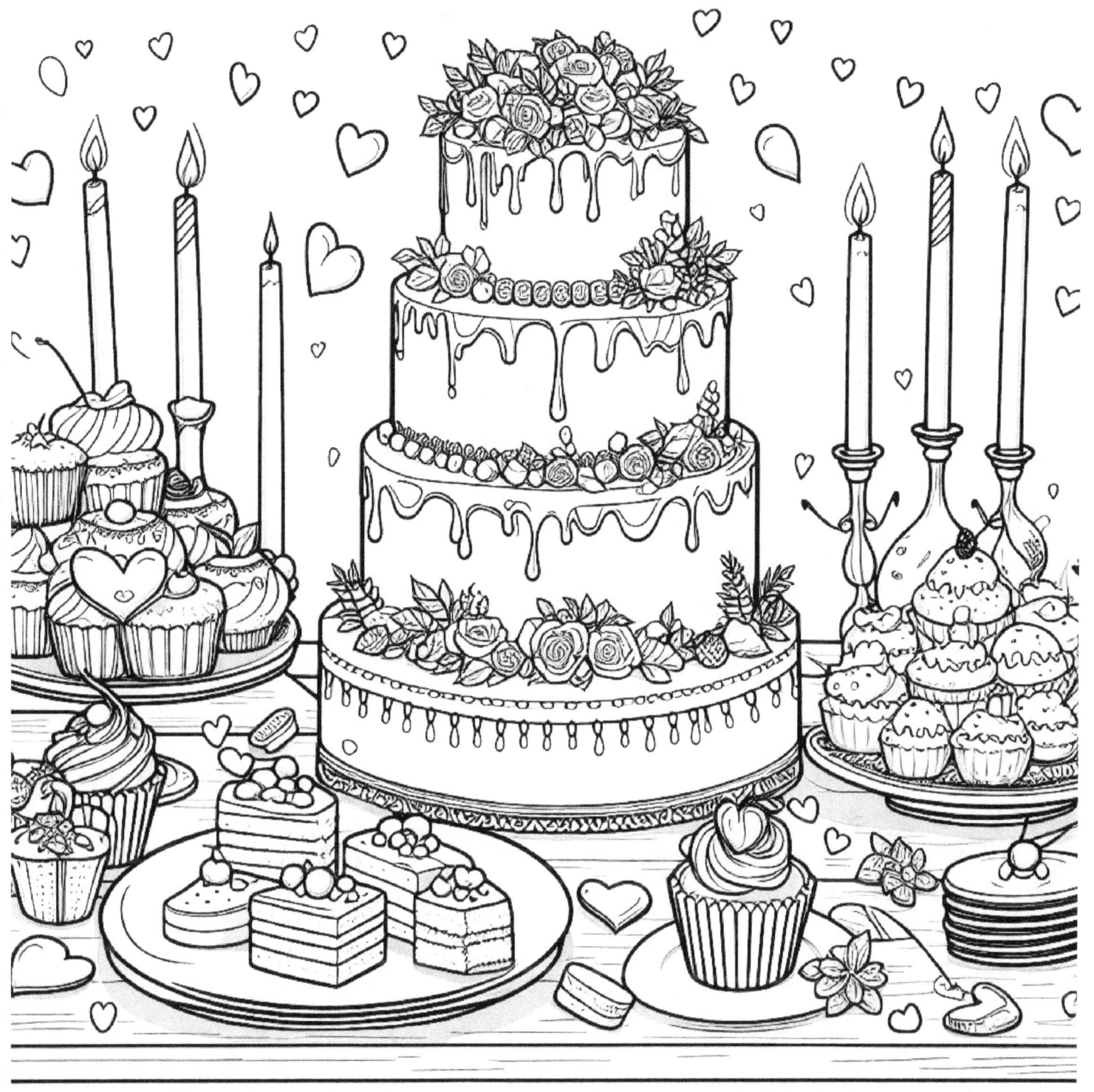

O banquete real foi uma festa de encantar os sentidos, com um bolo magnífico decorado com detalhes encantados, uma variedade de docinhos deliciosos e uma seleção de comidas saborosas.

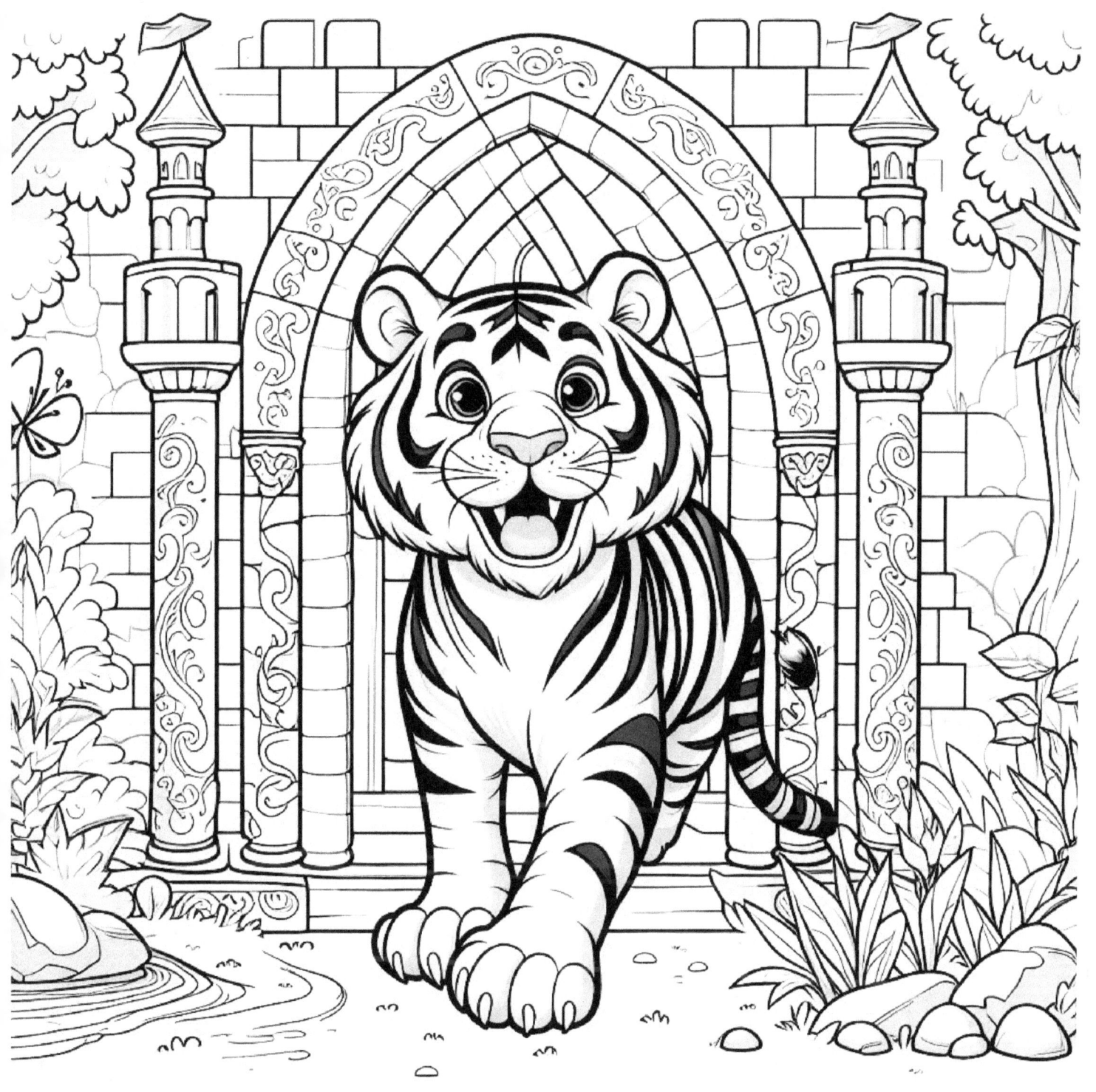

Muitos animais que cresceram junto com o Príncipe compareceram ao casamento real, trazendo alegria e uma atmosfera especial ao evento no Reino: o tigre Zé foi um deles.

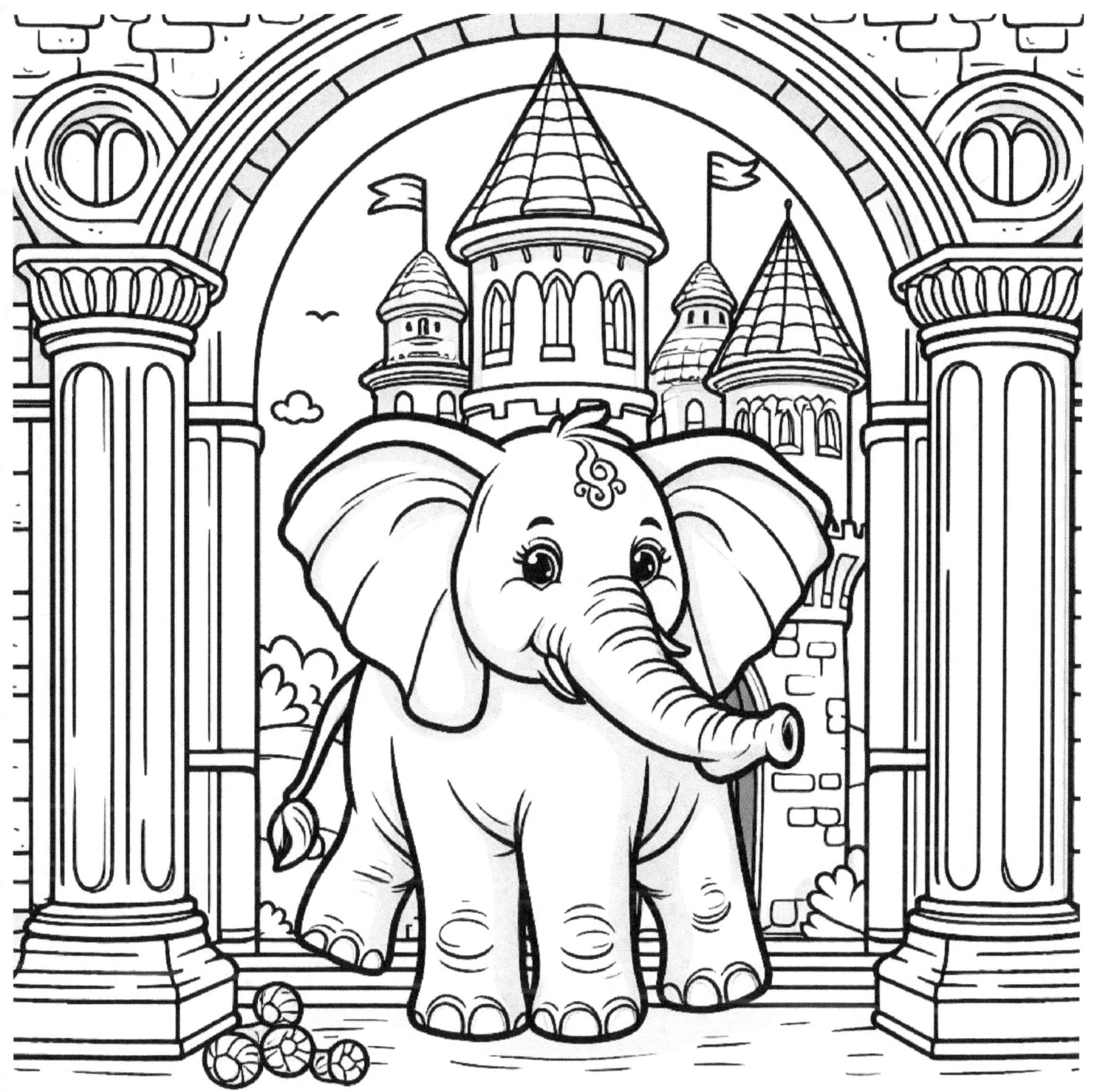

A Elefanta Zazá, uma amiga querida do Príncipe desde a infância, foi uma das convidadas especiais no casamento real.

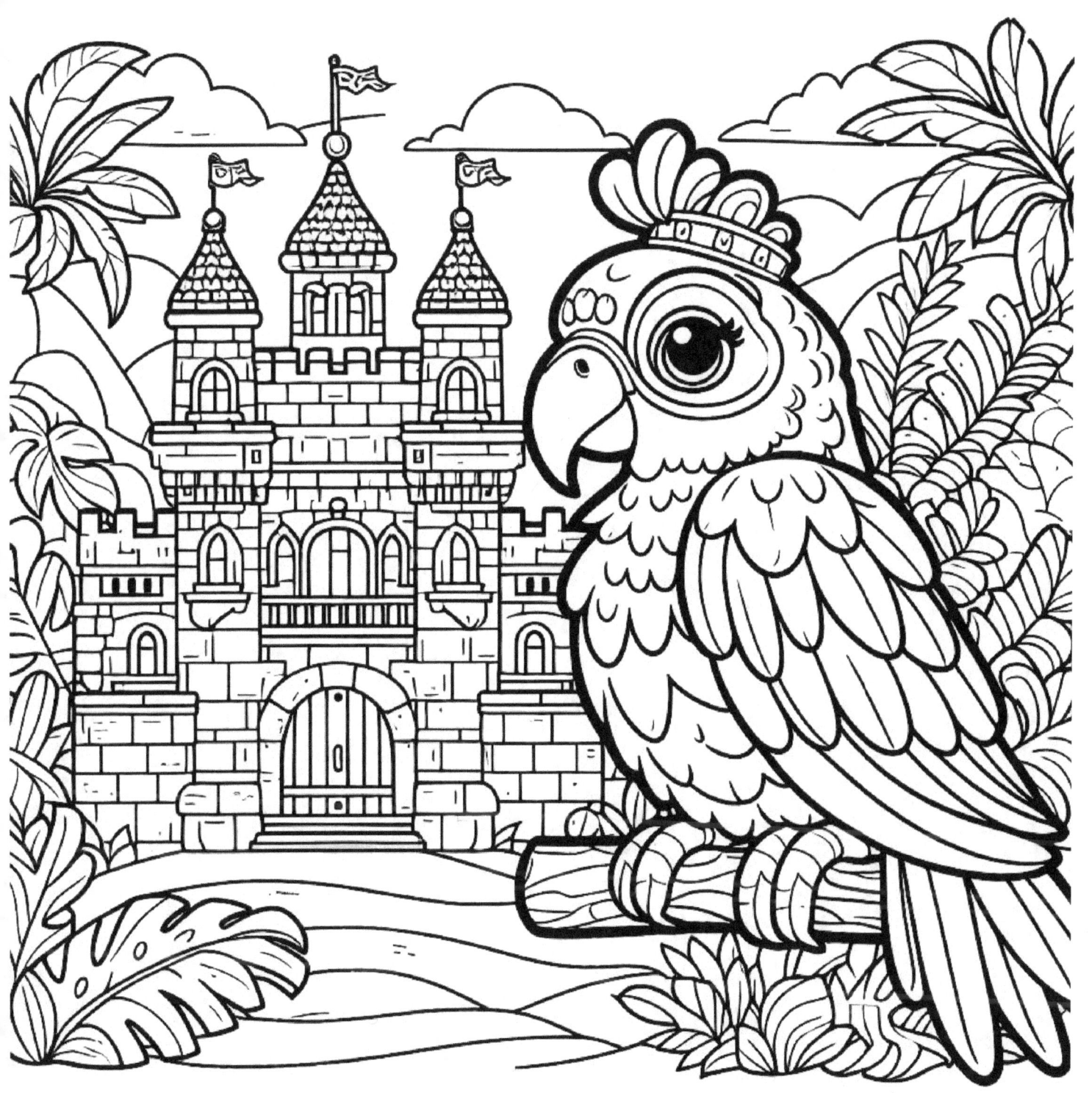

O papagaio Chico , conhecido por sua voz animada e brincalhona, também marcou presença no casamento real, adicionando uma dose de diversão e humor.

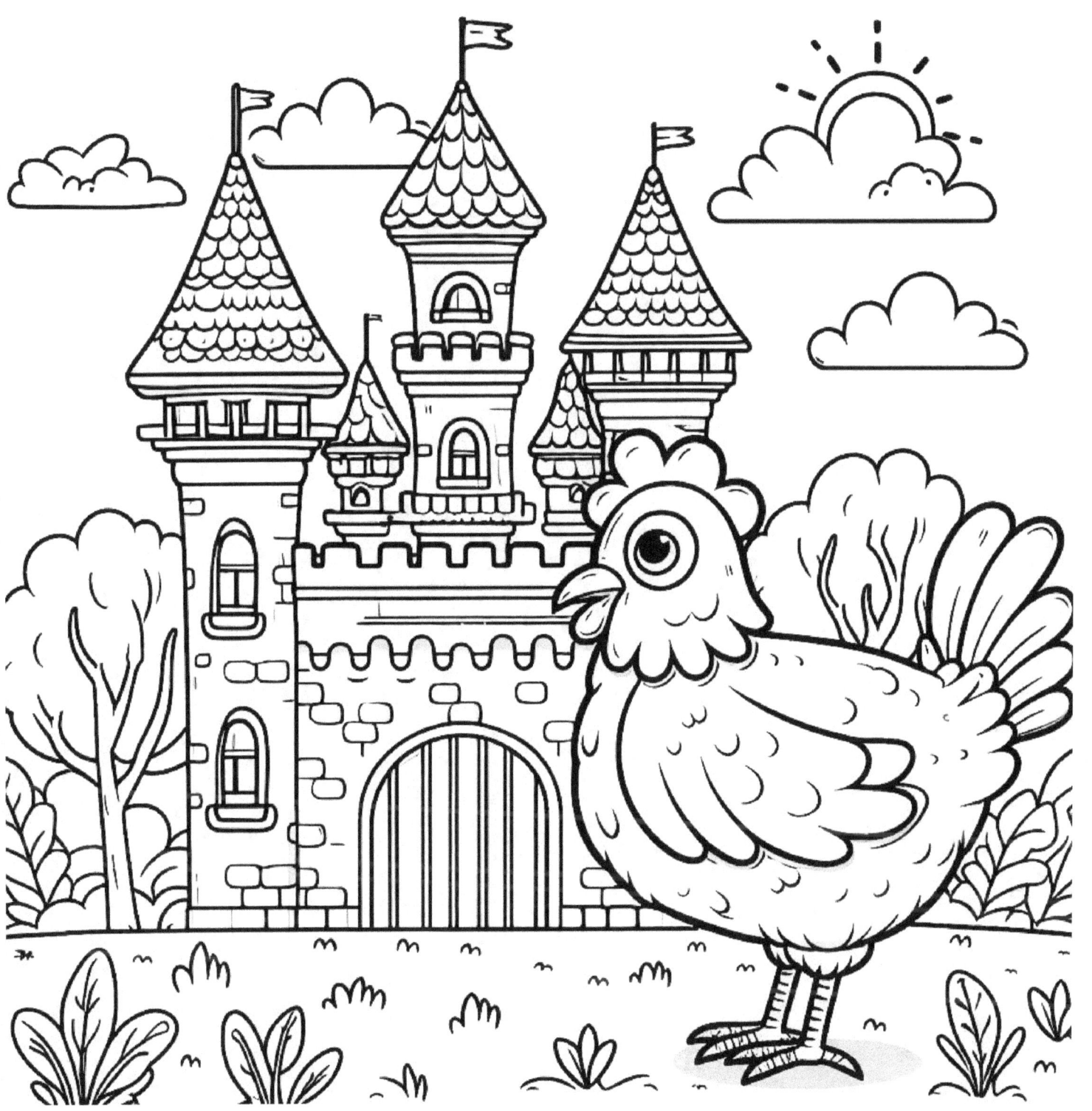

A galinha Mila, famosa por seus ovos dourados e sua personalidade divertida, também esteve presente no casamento real, trazendo sua alegria contagiante.

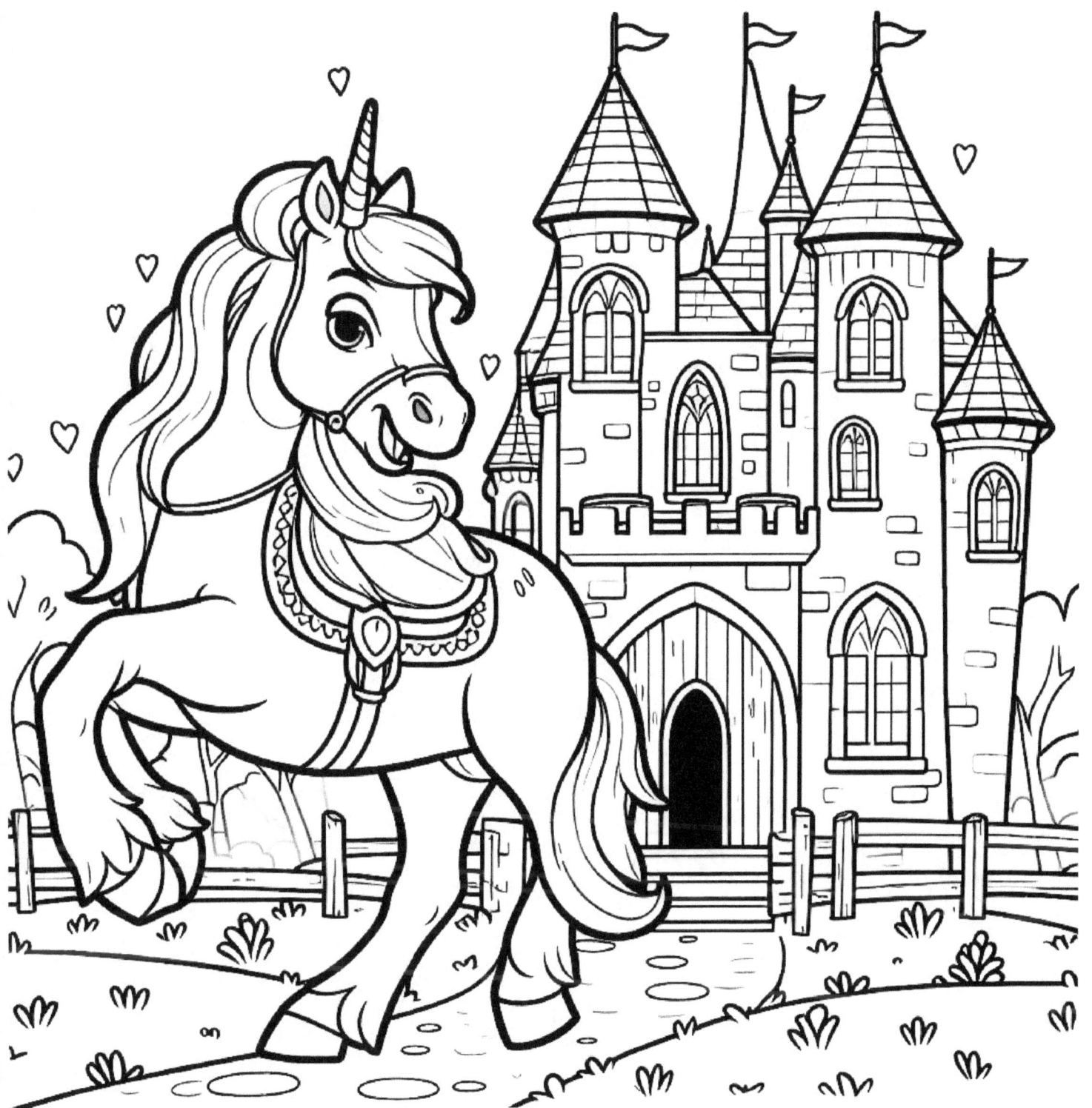

O cavalo Adamastor, fiel companheiro do Príncipe Azistar em muitas aventuras, também marcou presença no casamento real, trazendo uma elegância majestosa e um vínculo especial entre humano e animal.

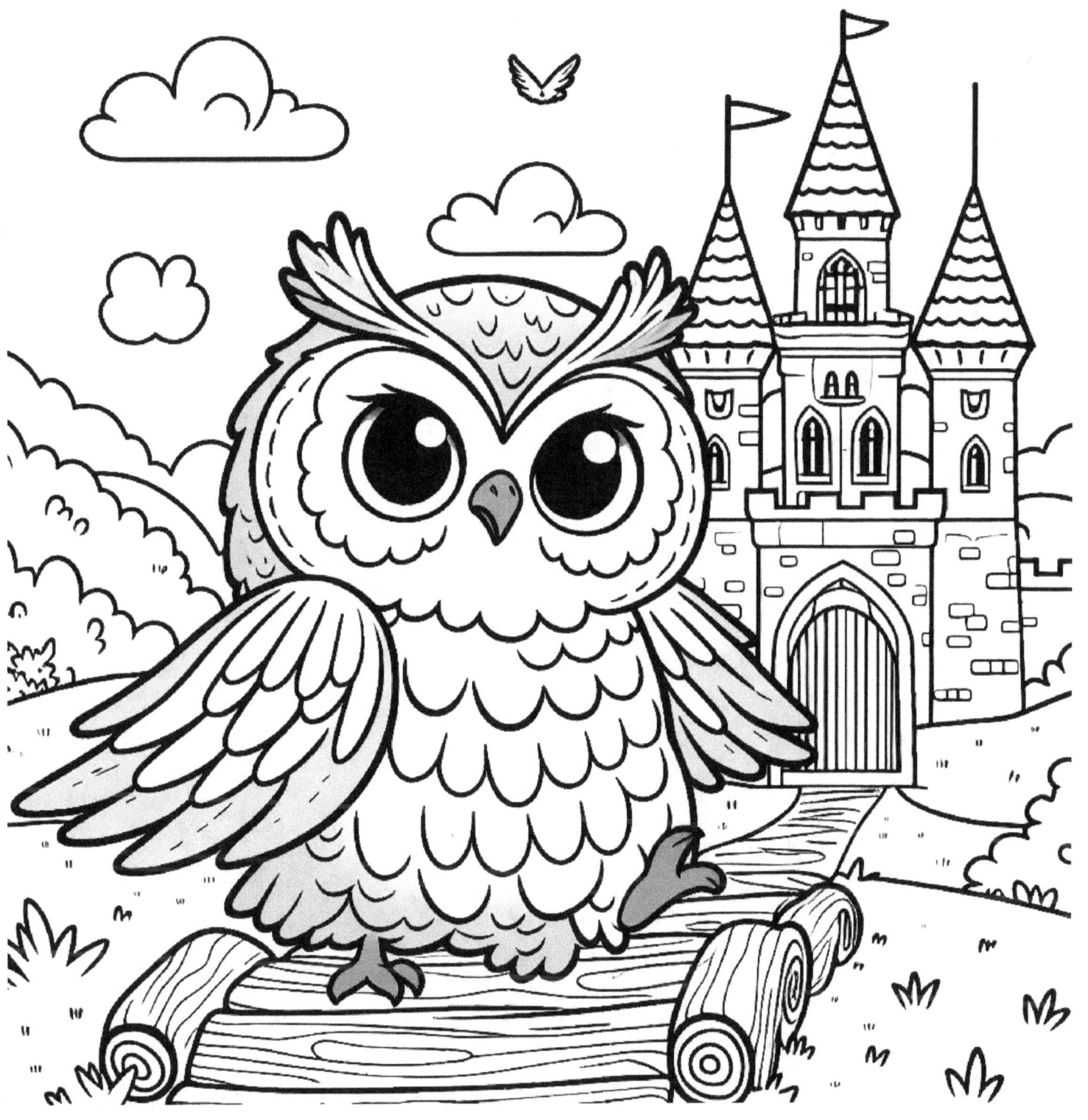

A coruja Sophia, conhecida por sua sabedoria e olhos atentos, foi outra convidada especial no casamento real. Sua presença trouxe uma aura de mistério e conhecimento à festa, complementando a diversidade de amigos presentes.

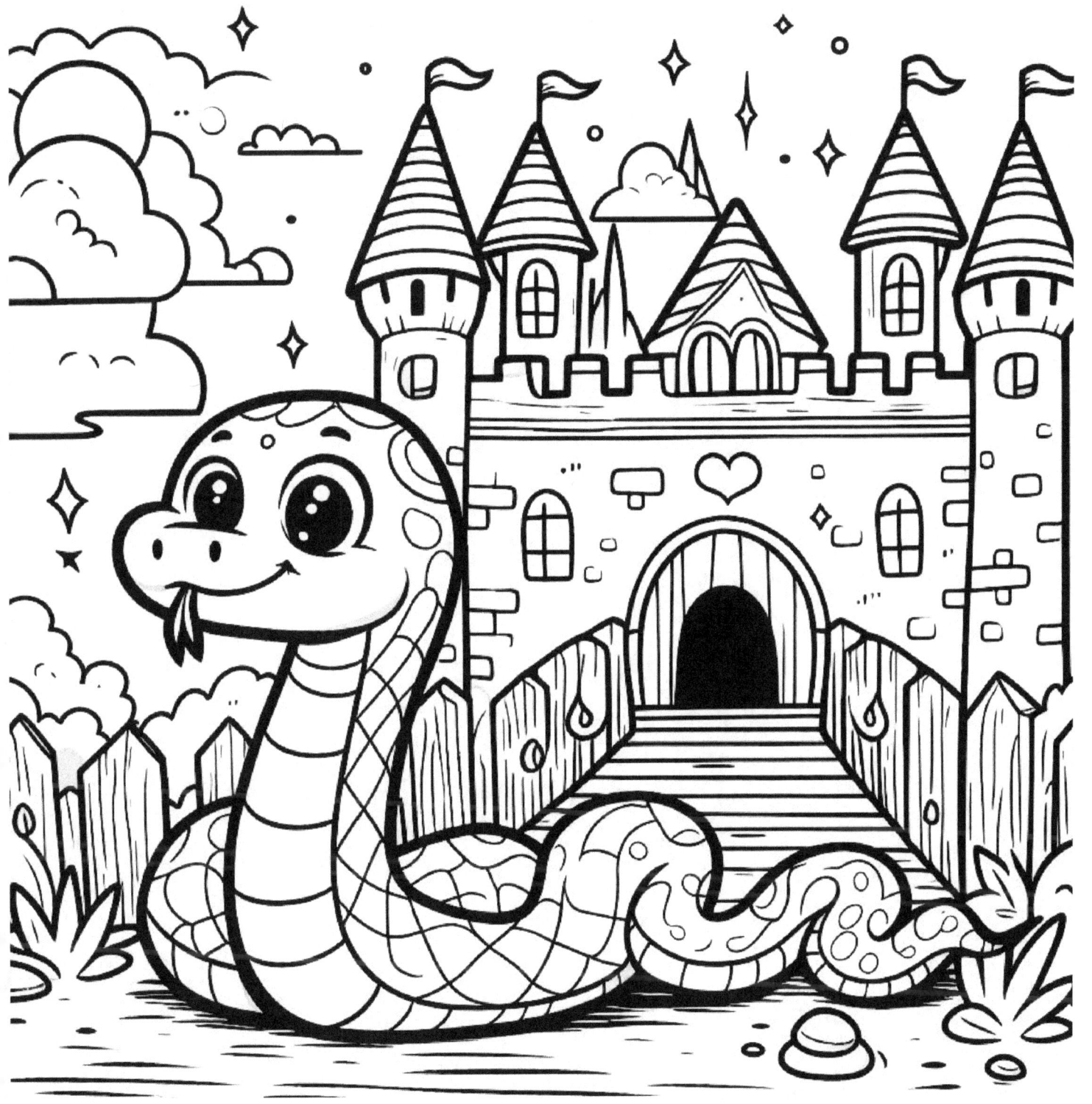

Até a cobra Sissi não quis perder o casamento real, mostrando que a ocasião era um momento de celebração e união para todos os habitantes do reino, independente de sua forma ou espécie.

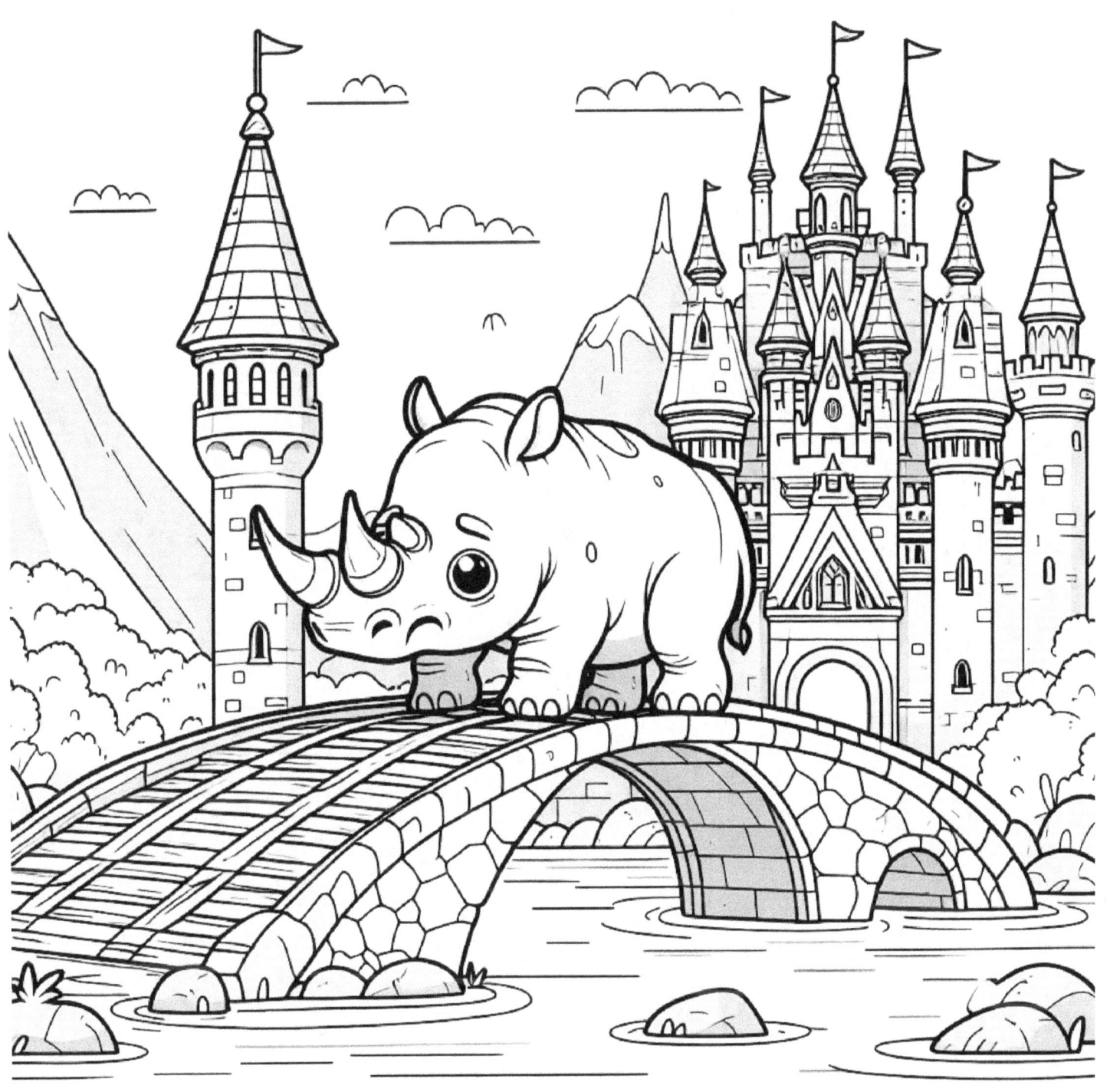

O rinoceronte Rick, conhecido por sua força e gentileza, também compareceu ao casamento real.

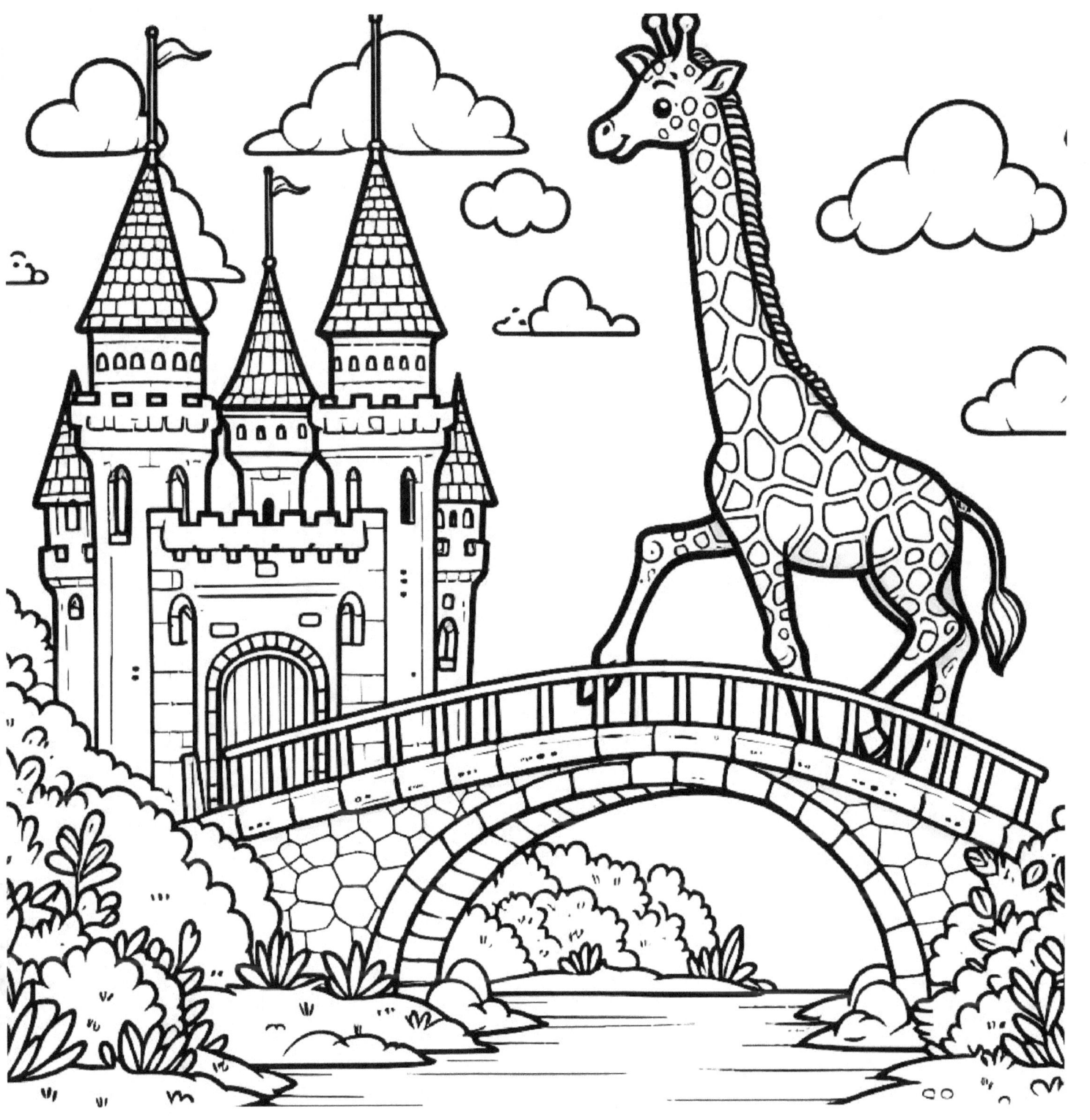

A girafa Gaby, com seu pescoço elegante e curioso, também marcou presença no casamento real, acrescentando um toque de altura e graça à festa no Reino.

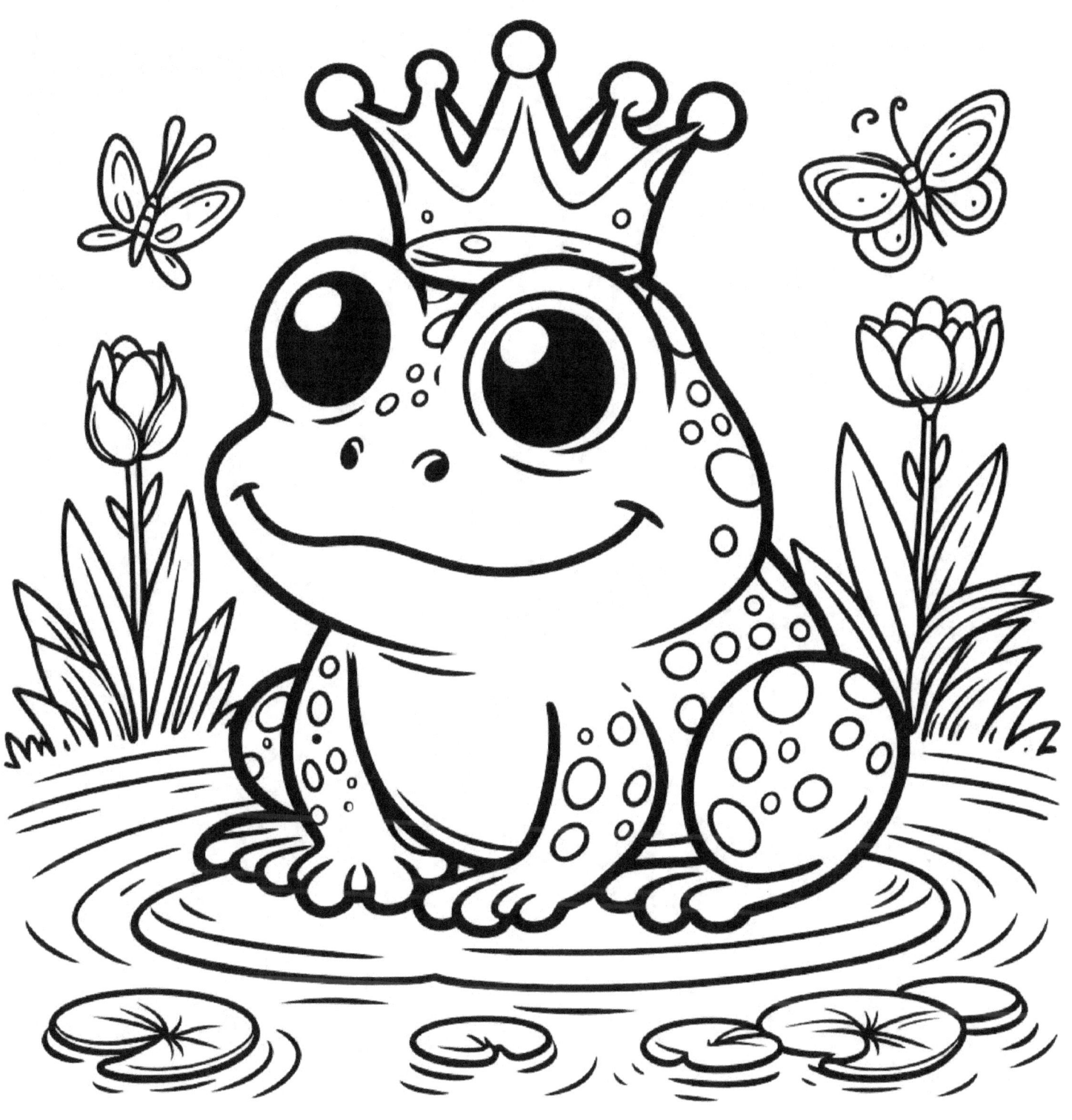

E por último, chegou o sapo Greg, conhecido por sua habilidade em saltar e sua voz única. Sua presença trouxe um charme especial e uma energia animada à festa de casamento.

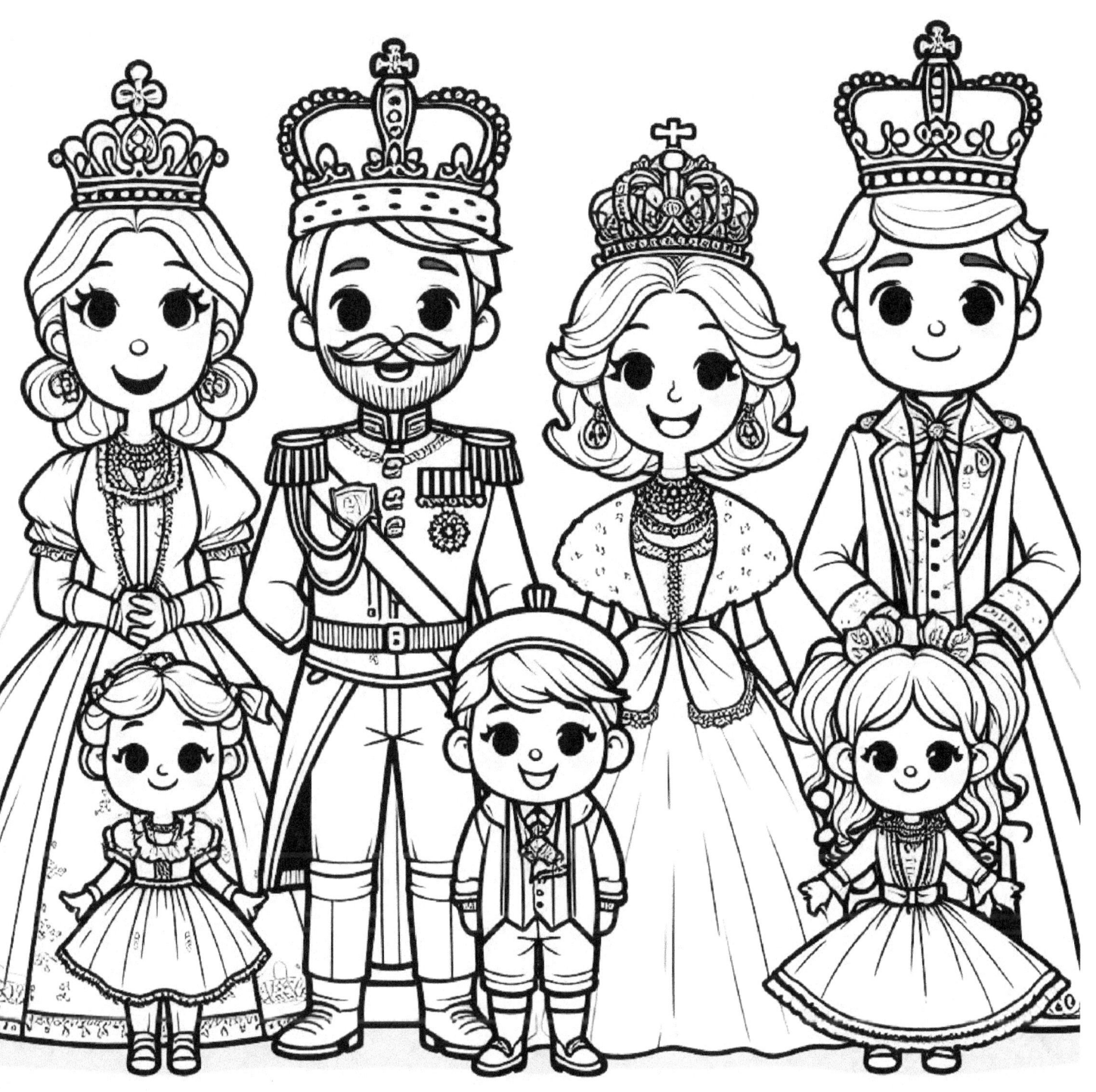

O casamento contou com a presença de vários reis e rainhas de reinos vizinhos, fortalecendo os laços de amizade e cooperação entre as terras encantadas da região. Foi uma ocasião de união e celebração para todos os governantes e seus súditos.

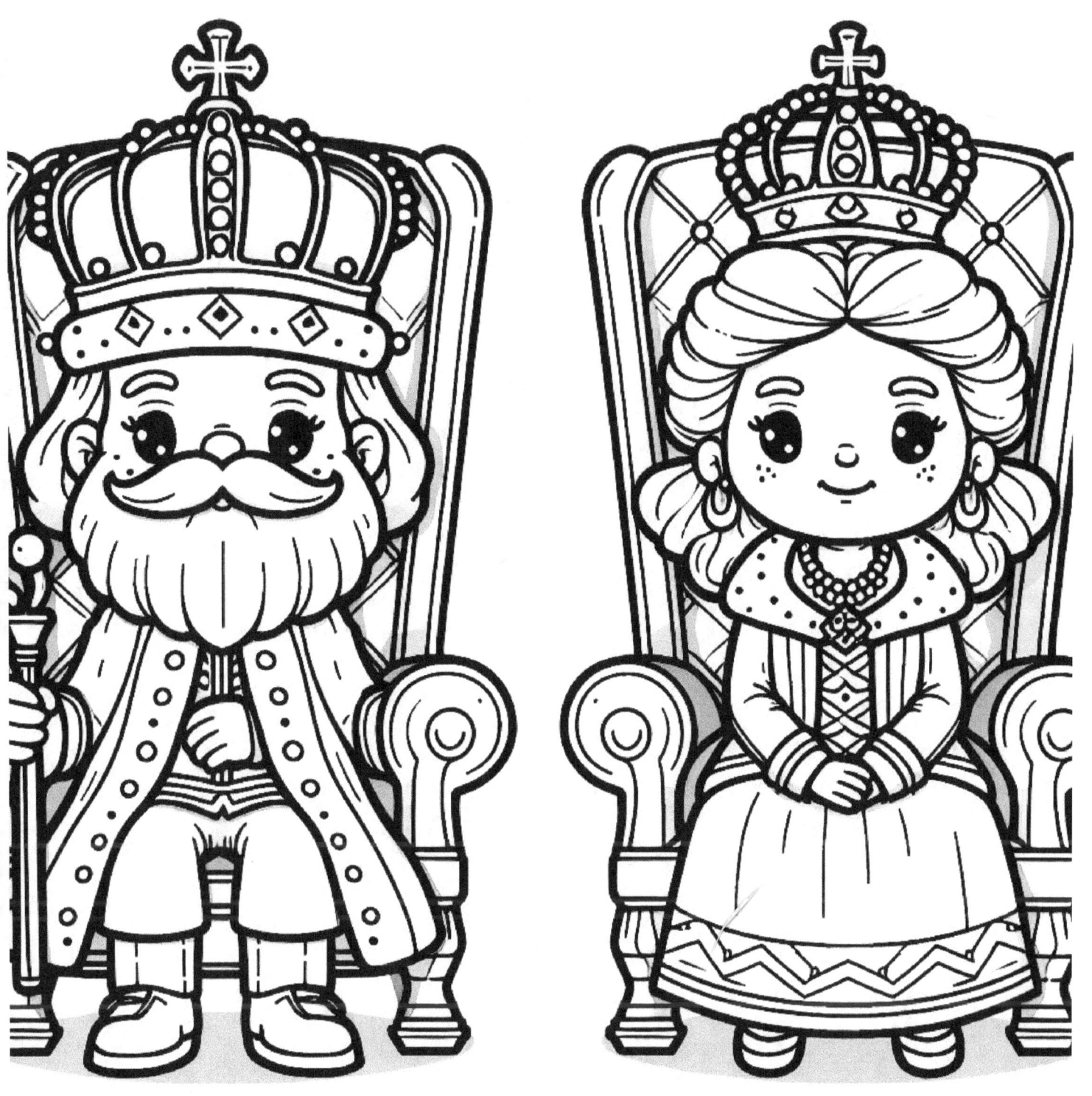

E assim, o Rei Azistar e a Rainha Luz governaram o Reino com amor, sabedoria e dedicação por muitos e muitos anos, trazendo prosperidade e felicidade para todos os seus súditos.

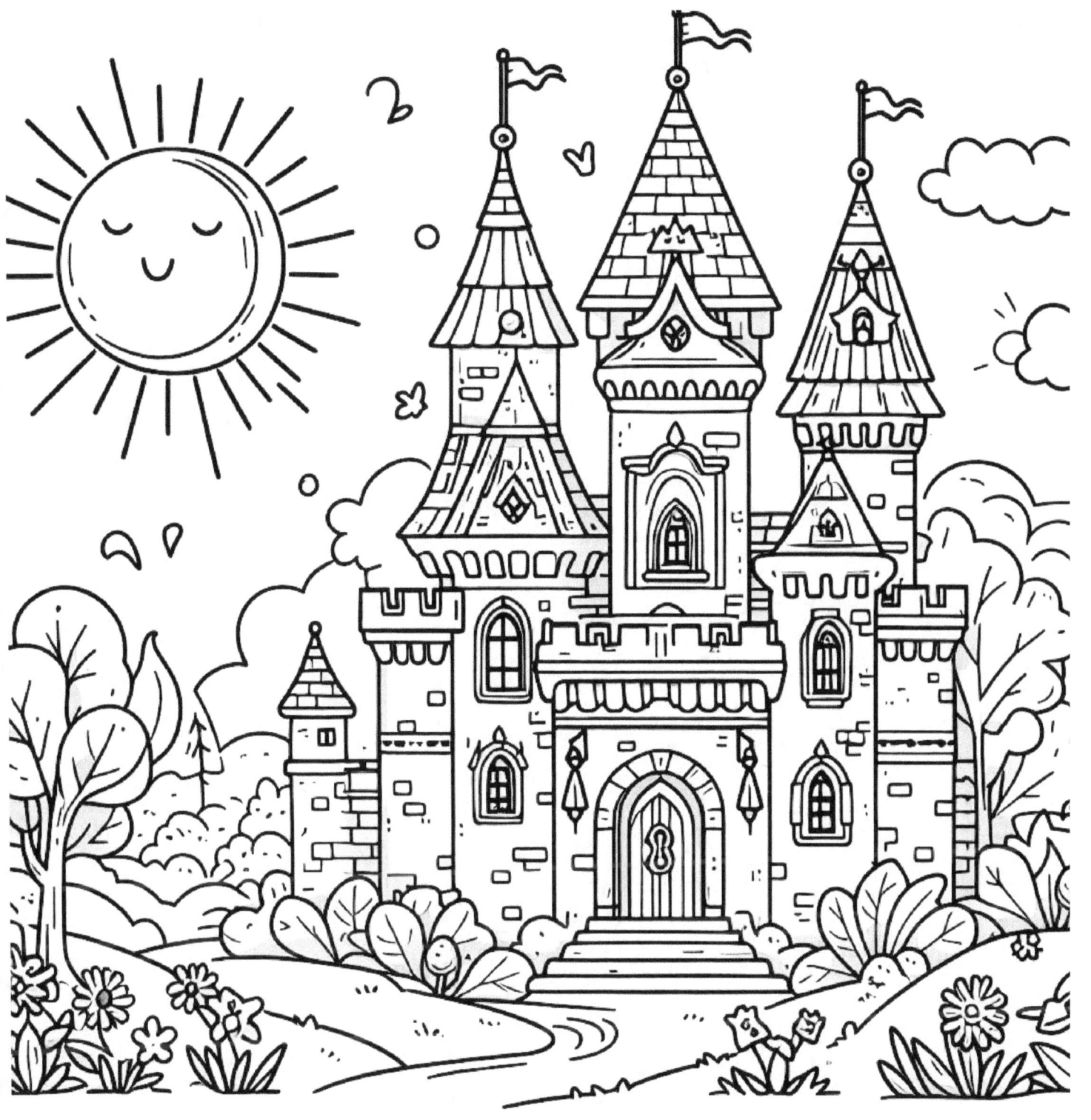

A união e compromisso com o bem-estar do reino nunca diminuíram, deixando um legado de harmonia e amor que perdurou por gerações no Reino Encantado.

www.ingramcontent.com/pod-product-compliance
Lightning Source LLC
Chambersburg PA
CBHW082214220526
45470CB00010B/3167